Lucha

La guía definitiva para principiantes que desean aprender técnicas de lucha para defensa personal, destreza física o competición

© Copyright 2024

Todos los derechos reservados. Ninguna parte de este libro puede ser reproducida de ninguna forma sin el permiso escrito del autor. Los revisores pueden citar breves pasajes en las reseñas.

Descargo de responsabilidad: Ninguna parte de esta publicación puede ser reproducida o transmitida de ninguna forma o por ningún medio, mecánico o electrónico, incluyendo fotocopias o grabaciones, o por ningún sistema de almacenamiento y recuperación de información, o transmitida por correo electrónico sin permiso escrito del editor.

Si bien se ha hecho todo lo posible por verificar la información proporcionada en esta publicación, ni el autor ni el editor asumen responsabilidad alguna por los errores, omisiones o interpretaciones contrarias al tema aquí tratado.

Este libro es solo para fines de entretenimiento. Las opiniones expresadas son únicamente las del autor y no deben tomarse como instrucciones u órdenes de expertos. El lector es responsable de sus propias acciones.

La adhesión a todas las leyes y regulaciones aplicables, incluyendo las leyes internacionales, federales, estatales y locales que rigen la concesión de licencias profesionales, las prácticas comerciales, la publicidad y todos los demás aspectos de la realización de negocios en los EE. UU., Canadá, Reino Unido o cualquier otra jurisdicción es responsabilidad exclusiva del comprador o del lector.

Ni el autor ni el editor asumen responsabilidad alguna en nombre del comprador o lector de estos materiales. Cualquier desaire percibido de cualquier individuo u organización es puramente involuntario.

Índice de contenidos

INTRODUCCIÓN..1
CAPÍTULO 1: ¿POR QUÉ ELEGIR LA LUCHA LIBRE?.....................3
CAPÍTULO 2: REGLAS Y HABILIDADES BÁSICAS 15
CAPÍTULO 3: POSTURA Y EQUILIBRIO 26
CAPÍTULO 4: PENETRACIÓN, ELEVACIÓN Y OTRAS MANIOBRAS........39
CAPÍTULO 5: CÓMO ATACAR Y CONTRAATACAR......................54
CAPÍTULO 6: TÉCNICAS DE INVERSIÓN 67
CAPÍTULO 7: TÉCNICAS DE ESCAPE..77
CAPÍTULO 8: COMBINACIONES DE INMOVILIZACIÓN 87
CAPÍTULO 9: ENTRENAMIENTO EN CASA 96
CAPÍTULO 10: ENTRENAMIENTO Y FORMACIÓN DE JÓVENES...........106
CAPÍTULO 11: ÉXITO EN LA LUCHA LIBRE..................................116
CONCLUSIÓN..125
VEA MÁS LIBROS ESCRITOS POR CLINT SHARP 127
REFERENCIAS...128
FUENTES DE IMÁGENES 129

Introducción

¿Está buscando una forma de llevar su condición física y sus habilidades deportivas al siguiente nivel? Entonces, la lucha libre puede ser la elección perfecta. Su combinación de fuerza, agilidad y técnica puede proporcionarle un entrenamiento increíblemente exigente a la vez que desarrolla habilidades que le ayudarán en otras áreas.

La lucha libre no es solo un deporte, sino una experiencia que cambia la vida. Desafía a las personas a superar sus límites físicos y mentales, enseñándoles disciplina, perseverancia, trabajo en equipo y resistencia. Los luchadores aprenden a enfrentarse a la adversidad, a superar los contratiempos y a encontrar soluciones creativas a los problemas dentro y fuera de la lona. Esta guía le mostrará los aspectos básicos de la lucha libre, desde las reglas y las habilidades hasta la postura y el equilibrio, pasando por las técnicas de entrenamiento más eficaces.

Más allá de la competición, la lucha libre crea camaradería y hermandad como ninguna otra. Es una comunidad de personas unidas por el amor a este deporte y la búsqueda común de la excelencia. En la lucha no se trata solo de ganar o perder; se trata del camino y de las lecciones que se aprenden por el camino. Aprenderá sobre penetración, elevación, ataque y contraataque, técnicas de reversión, técnicas de escape, combinaciones de inmovilización y mucho más. Aprenderá a entrenar en casa y a entrenar a jóvenes luchadores.

La lucha libre enseña habilidades vitales y cualidades de carácter inestimables para toda la vida. Desde la disciplina y la perseverancia hasta la humildad y el liderazgo, la lucha inculca rasgos valiosos que hacen de los participantes mejores personas. El vínculo entre los compañeros de equipo es inquebrantable, y la adrenalina de competir en la lona no se parece a ninguna otra cosa. La lucha desafía a las personas física y mentalmente, superando sus límites y ayudándoles a descubrir su verdadero potencial. Este libro explora todos estos aspectos y más.

Navegar por él puede resultar abrumador si es nuevo en el mundo de la lucha libre. La intensidad de este deporte, las normas y reglamentos aparentemente interminables y el mero aspecto físico pueden resultar intimidantes. Pero no deje que eso le disuada, porque una vez que se sumerja en él, las recompensas son infinitas. La disciplina y la armonía impregnan todos los aspectos de la lucha, desde el entrenamiento hasta la competición. Además, el crecimiento personal y la confianza que se adquieren superando los propios límites tienen un valor incalculable. El camino es a veces difícil, pero la recompensa merece la pena. Así pues, súbase al tatami porque el mundo de la lucha libre le espera con los brazos abiertos y un sinfín de oportunidades.

Al final de esta guía práctica y concisa, conocerá a fondo este deporte y todo lo que implica. Con ojo para el detalle y el compromiso con la excelencia, la lucha le hará mejor atleta y persona. Desde el aprendizaje de los fundamentos hasta la consecución del éxito en los niveles más altos, esta guía le ofrece todo lo que necesita. El mundo de la lucha libre es inmenso e increíblemente gratificante. ¿Qué está esperando? Anímese y deje que este libro le guíe en su viaje.

Capítulo 1: ¿Por qué elegir la lucha libre?

La lucha libre puede ser su nueva obsesión si busca un deporte que le suponga un reto físico y mental. No solo requiere una fuerza y una resistencia increíbles, sino que también exige fortaleza mental y pensamiento estratégico. La lucha es una gran prueba de carácter. Le enseña a sobreponerse al dolor y a la adversidad, a no rendirse nunca cuando las cosas se ponen difíciles. Además, las habilidades que se aprenden en el tatami se aplican a todos los ámbitos de la vida. Como resultado, ganará confianza y disciplina, que se trasladarán a sus relaciones, a sus estudios y a su carrera profesional.

Si quiere convertirse en una mejor versión de sí mismo mientras se divierte y hace amigos para toda la vida, elija la lucha libre. Este capítulo explora los orígenes, la filosofía y los beneficios de la lucha libre. Analiza cómo se compara con otras artes marciales y qué técnicas pueden utilizarse para el entrenamiento de defensa personal. El capítulo termina con consejos para los padres que estén pensando en inscribir a sus hijos en la lucha libre. Al final, comprenderá perfectamente por qué la lucha libre es tan popular.

Introducción a la lucha libre

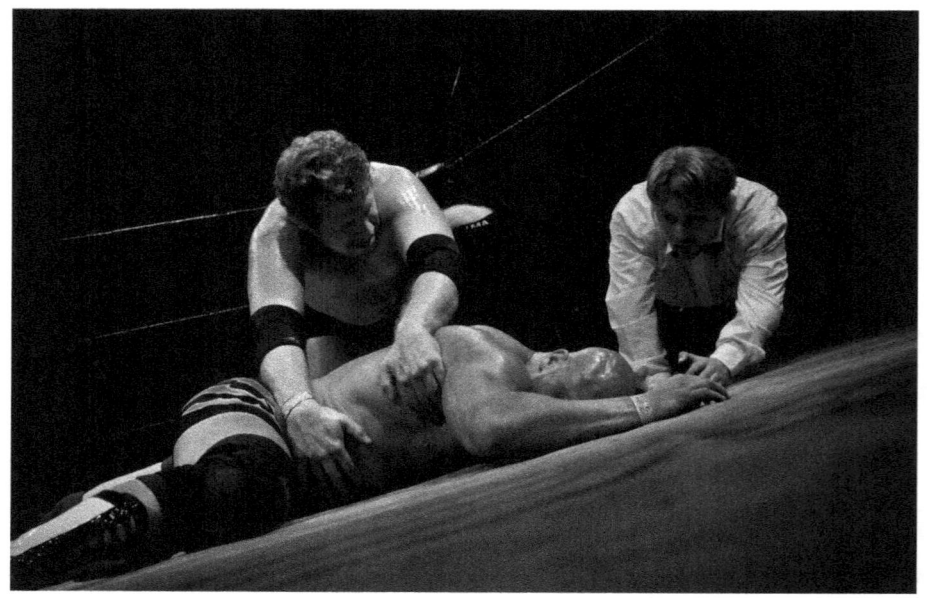

La lucha libre es un deporte en el que intenta inmovilizar a su oponente contra un tatami [1]

La lucha libre es uno de los deportes más antiguos y populares del mundo. Es un deporte de combate en el que dos competidores intentan inmovilizar a su oponente contra la lona u obligarle a abandonar el cuadrilátero de lucha. La lucha libre requiere fuerza física, agilidad y pensamiento estratégico. Además, es un deporte que ha evolucionado a lo largo de los siglos, desde sus orígenes en las civilizaciones antiguas hasta las competiciones olímpicas actuales. Esta sección explora la historia de la lucha libre, sus orígenes y la filosofía que hay detrás de este deporte.

Orígenes

La lucha libre existe desde hace más de 15.000 años. Se cree que se originó en civilizaciones antiguas como Grecia, Egipto y Roma. La lucha era popular en los primeros Juegos Olímpicos de Grecia, donde era una de las cinco pruebas del pentatlón. En la Edad Media, la lucha era un deporte popular en Europa, con pruebas de competiciones organizadas en Francia, Alemania e Inglaterra. También se utilizaba como medio de defensa personal y como preparación para el combate cuerpo a cuerpo.

Historia

En Estados Unidos, la lucha se popularizó a principios del siglo XX con la creación de la Unión Atlética Amateur (AAU) y la Asociación Nacional de Atletas Colegiados (NCAA). La lucha colegial se popularizó en las universidades, y los institutos la introdujeron en sus programas deportivos. La lucha libre profesional surgió en Estados Unidos como entretenimiento, con combates escenificados y argumentos.

En la segunda mitad del siglo XX, la lucha se convirtió en un deporte internacional con la creación de la Federación Internacional de Luchas Asociadas (FILA) y la inclusión de la lucha en los Juegos Olímpicos modernos. La lucha libre sigue siendo un deporte popular en todo el mundo, con millones de participantes y espectadores cada año.

Filosofía

La lucha libre es algo más que un deporte físico. Es una disciplina mental y espiritual. Los luchadores entrenan su cuerpo para ser fuertes y ágiles, desarrollando una fuerte ética de trabajo, perseverancia y fortaleza mental. La lucha enseña habilidades como la concentración, la disciplina y el autocontrol, que pueden aplicarse a otros ámbitos de la vida. La lucha también hace hincapié en el respeto por sí mismo y por el oponente. En los combates de lucha libre, los competidores se dan la mano antes y después del partido, y se valora mucho la deportividad. La lucha enseña humildad y la importancia del trabajo duro y la dedicación.

Desde sus orígenes en las civilizaciones antiguas hasta los Juegos Olímpicos actuales, la lucha libre ha evolucionado a lo largo de los siglos. La lucha es una disciplina mental y espiritual que enseña valiosas habilidades para la vida, como el autocontrol, la disciplina y el respeto por sí mismo y por el adversario. Tanto si es un luchador como un aficionado al deporte, la lucha libre ofrece una experiencia única y gratificante.

Beneficios de la lucha libre

Cuando la gente piensa en la lucha libre, suele imaginarse a dos atletas forcejeando y tirándose a la lona. Aunque esto es sin duda una parte importante del deporte, la lucha va mucho más allá. La lucha es un ejercicio para todo el cuerpo que requiere fuerza, agilidad y resistencia. Es un reto mental que fomenta la disciplina, la deportividad y el crecimiento personal. Esta sección explora los muchos beneficios de la lucha libre y por qué es algo más que un deporte.

- **Fuerza física y resistencia:** La lucha es un deporte físicamente exigente que requiere fuerza y resistencia. En él intervienen todos los grupos musculares importantes, desde los brazos y los hombros hasta las piernas y el tronco. Los luchadores deben tener resistencia cardiovascular para mantener su esfuerzo durante todo el combate. Este intenso entrenamiento ayuda a los luchadores a desarrollar músculo, quemar grasa y mejorar su forma física.

- **Fortaleza mental y disciplina:** La lucha no es solo física. Es un juego mental. Los luchadores deben pensar con los pies en la tierra, tomar decisiones en fracciones de segundo y mantener la concentración durante todo el combate. Requiere fortaleza mental y disciplina, lo que repercute positivamente en todos los aspectos de la vida de un luchador.

- **Trabajo en equipo y espíritu deportivo:** Si bien la lucha libre puede parecer un deporte individual, requiere un gran trabajo en equipo y espíritu deportivo. Los luchadores a menudo entrenan juntos y se apoyan mutuamente durante los entrenamientos y competiciones difíciles. Aprenden a respetar a sus oponentes y a demostrar un buen espíritu deportivo, incluso en el calor de un combate.

- **Comunidad y pertenencia:** Muchos luchadores conectan profundamente con sus compañeros de equipo y desarrollan amistades para toda la vida. Los luchadores pueden unirse a clubes, asistir a eventos y participar en actividades filantrópicas, lo que les ayuda a sentirse conectados con algo más grande que ellos mismos. Como resultado, la comunidad de lucha es muy unida y muchos luchadores tienen un fuerte sentimiento de pertenencia.

- **Crecimiento personal y confianza:** La lucha puede ayudar a las personas a crecer y desarrollarse de muchas maneras. Enseña resistencia, perseverancia y el valor del trabajo duro. Fomenta el autoconocimiento y la confianza en sí mismo a medida que el luchador se fija metas y trabaja para alcanzarlas. La lucha puede ser una experiencia transformadora que ayuda a las personas a sacar lo mejor de sí mismas.

Los beneficios de la lucha van mucho más allá del aspecto físico del deporte. Fomenta la fortaleza mental, la disciplina y la deportividad, al tiempo que crea un sentimiento de comunidad y pertenencia. La lucha libre puede ser una excelente opción para las personas que buscan crecer, ganar confianza y esforzarse por dar lo mejor de sí mismas. Tanto si es un atleta experimentado como si acaba de empezar, la lucha tiene algo que ofrecer a todo el mundo.

Comparando la lucha libre con otras artes marciales

Los deportes de combate existen desde hace siglos y los practican personas de todas las edades. Como arte marcial basado en la lucha, el combate es una excelente forma de mejorar la fuerza, la agilidad y la coordinación, a la vez que se adquieren valiosas habilidades de defensa personal. Muchas otras artes marciales, como el judo, el kárate, el taekwondo y el boxeo, también fomentan estas habilidades. Aunque todas las artes marciales son eficaces a su manera, cada una tiene características únicas que la diferencian de las demás. Esta sección compara la lucha libre con otras artes marciales, destacando las diferencias y similitudes para ayudarle a decidir cuál es la mejor.

La lucha libre es un arte marcial ideal para las personas que disfrutan con la actividad física y los entrenamientos de alta intensidad. La lucha implica muchas técnicas de agarre y bloqueo, y se considera uno de los deportes de contacto más exigentes. Por lo general, la lucha se centra más en los derribos, el agarre en el suelo y los movimientos de sumisión que otras artes marciales como el kárate o el kickboxing. Es un ejercicio excelente para desarrollar la fuerza muscular, la resistencia, la agilidad y el equilibrio.

Mientras que la lucha libre es un arte marcial de contacto cuerpo a cuerpo, el judo es un deporte algo menos exigente físicamente y más defensivo. El judo es un arte marcial que utiliza derribos y zancadillas para derribar a los adversarios. Se considera una de las mejores formas de defensa personal, especialmente contra adversarios más grandes o fuertes. Por lo tanto, el judo es un arte marcial ideal para personas con un nivel de forma física diferente al requerido para la lucha libre.

El boxeo, otro arte marcial famoso, es un deporte de combate que utiliza técnicas de golpeo como jabs, ganchos y uppercuts. A diferencia de la lucha libre y el judo, el boxeo se centra principalmente en los puñetazos, el juego de piernas rápido y las técnicas de evasión. Este deporte es muy popular por sus beneficios cardiovasculares y de pérdida de peso, y mejora la función cognitiva y el equilibrio.

El taekwondo, un arte marcial coreano, es un deporte de combate que hace hincapié en los movimientos rápidos y explosivos y en las patadas altas. El taekwondo se basa en actividades dinámicas. Esta forma de arte ha demostrado ser excepcionalmente eficaz en defensa personal y ha sido aceptada como deporte de contacto total en los Juegos Olímpicos.

Comparar la lucha libre con otras artes marciales indica que cada una de ellas tiene puntos fuertes únicos que atraen a distintas personas, en función de sus intereses y capacidades físicas. La lucha libre podría ser la mejor opción para mejorar la fuerza, la coordinación y las habilidades de agarre. El judo podría ser la mejor elección para un enfoque menos riguroso y defensivo de las artes marciales. El boxeo y el taekwondo son artes de kickboxing que se adaptan a las personas que desean confiar más en las técnicas de golpeo que en el agarre. Lo mejor es elegir el arte marcial adecuado (para usted) en función de sus intereses, objetivos y capacidades físicas. Sea cual sea su elección, el entrenamiento regular y el trabajo duro le conducirán sin duda hacia la autodisciplina, la fortaleza mental y los logros físicos.

Incluir la lucha en el entrenamiento de artes marciales

Las artes marciales se han practicado durante siglos y abarcan muchas técnicas de combate que mejoran la fuerza física, la agilidad mental y el bienestar general. Desde el karate hasta el jiu-jitsu, cada estilo de arte marcial tiene su propio conjunto de movimientos, filosofías y estrategias. La lucha es un arte marcial popular que ha demostrado ser una forma de combate y defensa personal muy eficaz. Este deporte se originó en la antigüedad y requería un intenso esfuerzo físico, disciplina y práctica para dominarlo. Esta sección explora los beneficios de incluir la lucha libre en su rutina de entrenamiento de artes marciales y cómo puede mejorar su práctica.

Mejora de la forma física

La lucha libre es un deporte exigente que requiere fuerza, velocidad, agilidad y resistencia. Al incluir la lucha libre en su entrenamiento de artes marciales, desafía a su cuerpo de formas nuevas y exigentes, mejorando significativamente su forma física. La lucha desarrolla la fuerza central, mejora el equilibrio y la coordinación, desarrolla la potencia explosiva y aumenta la resistencia cardiovascular. Estos atributos físicos son cruciales para sobresalir en las artes marciales y beneficiarán la salud y el bienestar general.

Una de las principales razones por las que la gente practica artes marciales es para aprender técnicas de defensa personal que les protejan en situaciones de peligro. La lucha libre es una técnica que mejora las habilidades de defensa personal y aumenta la confianza en la capacidad para defenderse. En la lucha libre, aprende a derribar a su oponente, a controlar sus movimientos y a aprovechar el peso de su cuerpo para ganar la partida. Estas mismas habilidades pueden utilizarse en situaciones de defensa personal de la vida real, lo que convierte a la lucha libre en un arte marcial muy práctico.

Fortaleza Mental

Además de la forma física, la lucha desarrolla la fortaleza mental, la disciplina y la concentración. Las intensas exigencias físicas de la lucha requieren un alto nivel de fortaleza mental, concentración y disciplina para seguir superando sus límites. Estos atributos mentales son fundamentales para destacar en las artes marciales. A través de la lucha aprenderá a superar las barreras mentales, a desarrollar una mentalidad fuerte y a mantener la calma y la concentración bajo presión.

Variedad en el entrenamiento

Añadir la lucha a su rutina de entrenamiento de artes marciales puede añadir variedad a sus entrenamientos y mantenerlos emocionantes. La lucha proporciona una forma de entrenamiento diferente a la de algunas artes marciales, como las artes marciales basadas en el golpeo, como el kárate o el taekwondo. Incorporar la lucha a su rutina de entrenamiento desafía su mente y su cuerpo de formas nuevas y emocionantes y le proporciona un conjunto de habilidades en artes marciales más amplio.

Oportunidades competitivas

Por último, pero no por ello menos importante, si le gustan los deportes de competición y desea llevar su práctica de artes marciales al siguiente nivel, la lucha libre puede ofrecerle muchas oportunidades para competir. Los luchadores tienen numerosas oportunidades, desde campeonatos locales a nacionales, para mostrar sus habilidades y competir contra otros luchadores expertos. Incluir la lucha libre en su entrenamiento de artes marciales podría abrirle las puertas a nuevas experiencias y oportunidades que de otro modo no habría tenido.

No se puede negar que las artes marciales son una forma fantástica de mantenerse físicamente en forma, mentalmente ágil y disciplinado. Incluir la lucha libre en su rutina de entrenamiento de artes marciales amplifica estos beneficios. Mejorará su forma física y sus habilidades de defensa personal, desarrollará su fortaleza mental, añadirá variedad a su entrenamiento y le abrirá las puertas a oportunidades competitivas. Por lo tanto, tanto si es un artista marcial experimentado como un principiante, considere la posibilidad de añadir la lucha a su rutina de entrenamiento de artes marciales y lleve su práctica al siguiente nivel.

¿Cómo se practica la lucha libre?

La lucha libre es un deporte antiguo que ha ido ganando popularidad con el paso de los años. Es un deporte intenso y físicamente exigente que requiere habilidad, agilidad y potencia. Pero, ¿se ha preguntado alguna vez cómo se entrenan los luchadores para alcanzar este nivel de competitividad y dureza? La lucha libre implica un riguroso entrenamiento en diversas técnicas, estrategias y acondicionamiento físico.

Lugares de entrenamiento

La práctica de la lucha libre suele tener lugar en una sala de lucha o en una colchoneta diseñada para la lucha libre. Este deporte requiere una colchoneta específica creada con espuma de alta densidad y tejido de vinilo. Estas colchonetas son fundamentales para garantizar que los luchadores no se hagan daño durante el entrenamiento, y ayudan a absorber los golpes y a reducir el riesgo de lesiones. Durante los entrenamientos, los luchadores incluirán ejercicios de fuerza y acondicionamiento en el gimnasio, que incluyen levantamiento de pesas, ejercicios de acondicionamiento y ejercicios cardiovasculares para aumentar la resistencia, la agilidad y la fuerza.

Intensidad

La práctica de la lucha libre es intensa y físicamente exigente. La mayoría de los equipos de lucha practican con regularidad, a menudo durante varias horas al día. La intensidad del ejercicio aumenta a medida que los luchadores se vuelven más competitivos, y el entrenamiento suele incorporar ejercicios de alta intensidad que llevan a los luchadores hasta sus límites. Tener éxito en la lucha libre requiere dedicación y persistencia, y la voluntad de superarse a sí mismo.

Técnicas y estrategias

La lucha es un deporte estratégico que requiere una combinación de habilidades físicas y mentales. Durante el entrenamiento, los luchadores aprenden diversas técnicas que les permiten controlar a sus oponentes. Estas técnicas incluyen derribos, escapes, combinaciones de inmovilización y lucha por arriba y por abajo. Los luchadores deben estudiar a sus oponentes, analizar sus puntos fuertes y débiles y desarrollar estrategias para ganar la partida. Para mantenerse en la cima de su juego, los luchadores de éxito deben trabajar constantemente en el perfeccionamiento de su técnica.

Seguridad

La seguridad es primordial en cualquier deporte, y la lucha no es una excepción. Durante los entrenamientos, los entrenadores y los deportistas toman todas las medidas posibles para evitar lesiones. Esto incluye rutinas de calentamiento adecuadas, ejercicios de estiramiento y ejercicios de prevención de lesiones. Durante los entrenamientos de lucha, los entrenadores vigilan de cerca a los deportistas para asegurarse de que utilizan las técnicas adecuadas para evitar lesiones. Muchos equipos de lucha exigen que los deportistas lleven equipo de protección, como cascos, protectores bucales y rodilleras.

Los luchadores se someten a un riguroso entrenamiento en diversas técnicas, estrategias y acondicionamiento físico, todo ello orientado a que los atletas sean más musculosos y ágiles. La intensidad durante la práctica puede ser alta, pero los entrenadores y los atletas dan prioridad a las medidas de seguridad para evitar lesiones. En general, la práctica de la lucha libre es un sistema bien organizado y estructurado que garantiza que los luchadores estén en su nivel óptimo de entrenamiento y listo para competir, lo que la convierte en una prueba de fuerza física y mental.

Estilos de lucha

Aunque a primera vista la lucha libre puede parecer un deporte sencillo, los distintos estilos tienen reglas y técnicas únicas. En esta sección se analizan los diferentes estilos de lucha, sus orígenes y lo que los hace destacar.

Lucha libre

La lucha libre es la forma de lucha más común en todo el mundo y es una prueba olímpica habitual. Este estilo de lucha tiene su origen en

Gran Bretaña y hace más hincapié en los movimientos rápidos y ágiles que en la fuerza bruta. Los luchadores pueden sujetar y atrapar las piernas de su oponente y utilizar los brazos para realizar derribos como los grecorromanos. El ganador se determina ganando el mayor número de puntos, conseguidos mediante derribos, reveses y exposiciones.

Lucha grecorromana

La lucha grecorromana es otra forma de lucha que se remonta a las civilizaciones antiguas. Llamada así por sus orígenes en Roma, este estilo de lucha no permite los ataques por debajo del cinturón, las llaves de piernas ni el uso de las piernas del adversario. En cambio, se centra en la fuerza de la parte superior del cuerpo y en los lanzamientos con brazos y hombros. Aunque los derribos son legales, deben ejecutarse de pie. La fuerza de agarre, la potencia explosiva y las técnicas de apalancamiento adecuadas son esenciales en la lucha grecorromana.

Lucha folclórica

La lucha folclórica, o colegial, es el estilo con el que están familiarizados la mayoría de los estadounidenses. Esta forma de lucha es popular en los institutos y universidades de Estados Unidos y Canadá, y hace hincapié en los derribos y las inmovilizaciones. En la lucha folclórica, los derribos valen dos puntos, mientras que un pin o puesta de espalda vale cinco. Un luchador gana si clava los hombros de su oponente en la lona o gana el mayor número de puntos en el combate.

Lucha de sumo

La lucha de sumo es originaria de Japón y combina elementos de la lucha libre y de las creencias sintoístas japonesas. Los combates de sumo se celebran en un ring circular, donde el objetivo del luchador es empujar a su oponente fuera del ring o hacerle tocar el suelo con cualquier parte del cuerpo, excepto los pies. Para competir con eficacia, los luchadores de sumo deben mantener una dieta estricta y un régimen de entrenamiento para alcanzar el peso y la talla requeridos.

Lucha en la playa

La lucha en la playa, conocida como lucha en la arena, es relativamente nueva en comparación con otras modalidades. Este estilo suele desarrollarse sobre una superficie de arena y requiere altos niveles de explosividad y agilidad. En la lucha en la playa, los luchadores se ahorran el tiempo de agarrarse e intentar conseguir el control. En su lugar, intentan inmediatamente agarrar las piernas del oponente o realizar un lanzamiento. El combate termina cuando el luchador clava los hombros del oponente en el suelo.

La lucha libre, la lucha grecorromana, la lucha colegial, la lucha de sumo y la lucha en la playa tienen reglas, técnicas y tradiciones específicas. Además, cada forma requiere un conjunto diferente de habilidades, lo que hace que cada estilo sea único y atractivo

La lucha libre como deporte para niños

La lucha es un deporte muy competitivo y exigente que requiere una gran energía, resistencia y perseverancia. Además, este deporte influye positivamente en la salud física y mental, especialmente de los niños. Esta sección explora los beneficios de la lucha libre para los niños y cómo encontrar el entorno adecuado.

Beneficios para los niños

- **Desarrollo físico:** La lucha libre es una actividad física intensa que incorpora resistencia cardiovascular, muscular y fuerza muscular. Ayuda a los niños a desarrollar músculos delgados, mejorar la densidad ósea y fomentar la flexibilidad. Además, mejora la salud cardiovascular de los niños, lo que les permite tener un peso saludable y llevar un estilo de vida activo.

- **Disciplina y formación del carácter:** La lucha es más que una actividad física. Enseña a los niños concentración, disciplina y perseverancia. La lucha ayuda a los niños a fijarse objetivos y a trabajar duro para conseguirlos. Les enseña habilidades esenciales para la vida, como la resistencia, el coraje y el trabajo en equipo

- **Salud mental:** La lucha tiene un impacto positivo en la salud mental, especialmente de los niños. Aumenta la confianza en sí mismo, la autoestima y el conocimiento de sí. Los niños que participan en la lucha libre se sienten más dueños de su cuerpo y tienen una mejor imagen de sí mismos.

Encontrar el entorno adecuado

- **Edad apropiada:** Encontrar un programa de lucha libre adecuado para la edad de sus hijos es esencial. Los niños pequeños deben comenzar con técnicas básicas de lucha libre, mientras que los niños mayores pueden aprender movimientos más complejos. El programa debe adaptarse a sus capacidades físicas y nivel de experiencia.

- **Espacio seguro:** La lucha libre requiere un contacto estrecho con otros luchadores, lo que puede aumentar el riesgo de lesiones. Por lo tanto, es esencial elegir un programa de lucha libre que se centre en la seguridad mental y ofrezca equipos de protección. Además, un buen programa de lucha libre debe contar con entrenadores experimentados que sepan cómo enseñar a luchar de forma segura.
- **Entorno cultural:** El entorno en el que sus hijos aprenden y participan es esencial. Es fundamental que el programa fomente una cultura positiva y de apoyo que promueva valores como la disciplina, la deportividad, el trabajo en equipo y el respeto.

La lucha es un deporte excelente para los niños, ya que aporta muchos beneficios físicos y mentales. Enseña habilidades como la disciplina, la perseverancia y la concentración, que son esenciales en la vida. Cuando elija un programa de lucha libre para sus hijos, busque uno que sea apropiado para su edad, seguro y que fomente un entorno cultural positivo. Es importante formar a futuros luchadores y dar a los niños la oportunidad de experimentar este deporte.

Los niños no son los únicos que se benefician de la lucha libre. Los adultos también pueden mejorar su salud física y mental. La lucha le enseña a ser fuerte pero humilde, a disciplinarse y a mantener la concentración. Es una forma estupenda de desahogarse, ganar fuerza y practicar el equilibrio. Como con cualquier deporte, la mejor manera de disfrutarlo es en un entorno seguro, con entrenadores y profesores bien informados que impartan las instrucciones adecuadas. No deje que la intimidación de la lucha libre le impida probarla. Hay muchos niveles y estilos diferentes, así que tanto si es un novato como si lleva años practicándola, hay algo para todos. Así que tome su equipo y únase a la lucha

Capítulo 2: Reglas y habilidades básicas

Aprender las reglas y habilidades básicas es crucial para triunfar en la lucha libre. Tanto si es un principiante como un luchador experimentado, comprender los fundamentos de este deporte le dará una ventaja competitiva. Desde los movimientos básicos, como los derribos y los pinos, hasta la comprensión del sistema de puntuación y las normas relativas a las actividades ilegales, tener una base sólida de conocimientos le ayudará a superar a sus oponentes. Además, aprender lo básico mejorará su técnica y le ayudará a prevenir lesiones en el tatami.

En este capítulo se analizan las reglas y habilidades básicas de la lucha libre para que pueda empezar con buen pie en este apasionante deporte. Abarca las leyes fundamentales de la lucha, las habilidades básicas y las técnicas que debe dominar. Con estos conocimientos, estará bien encaminado para convertirse en un luchador experimentado y de éxito. Los capítulos siguientes profundizan en habilidades y estrategias específicas. Pero, por ahora, veamos lo básico.

Reglas fundamentales de la lucha libre

En esencia, la lucha libre es un combate entre dos atletas regido por reglas que garantizan el juego limpio y protegen la seguridad de los competidores. En esta sección se examinan las leyes fundamentales de la lucha libre, incluidos el desarrollo del combate, el sistema de puntuación y las descalificaciones y sanciones. Esta sección le proporcionará una sólida comprensión del funcionamiento de la lucha libre y de lo que se necesita para triunfar en este apasionante deporte.

Preparación del combate

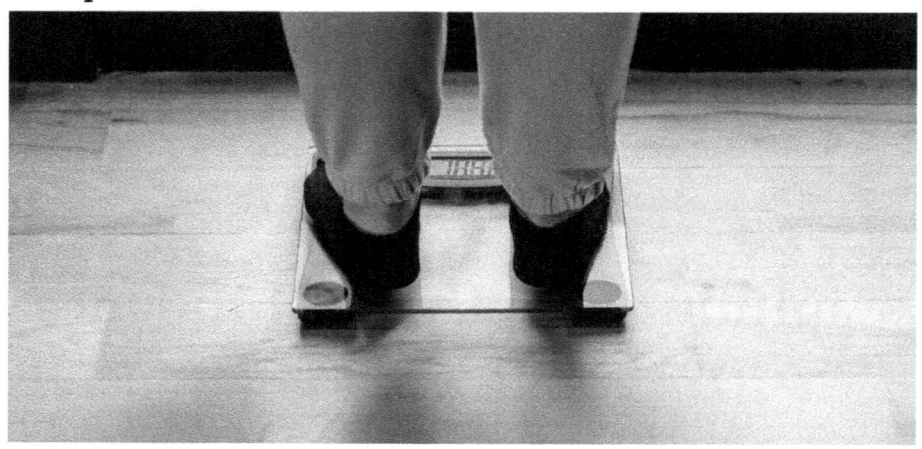

Los luchadores se pesan para determinar la clase en la que competirán²

Antes de que comience un combate de lucha libre, deben ocurrir algunas cosas. En primer lugar, los luchadores deben pesarse para determinar en qué categoría competirán. Una vez pesados, los luchadores son llamados a la lona y presentados al público. Cada luchador se coloca en la lona, uno en la esquina azul y el otro en la roja. A continuación, el árbitro señala el comienzo del combate, y los luchadores realizarán derribos, reveses y escapes para sumar puntos y ganar el combate.

Sistema de puntuación

El sistema de puntuación de la lucha libre es relativamente sencillo. Se conceden puntos por varias maniobras, como derribos, escapadas, reveses y clavadas. Un derribo se produce cuando un luchador lleva a su oponente al suelo y mantiene el control sobre él. Una escapada se produce cuando un luchador escapa de debajo de su oponente y se libera de su agarre. Una inversión se produce cuando un luchador que está abajo consigue dar la vuelta a su oponente y hacerse con el control. Por último, la clavada se produce cuando un luchador sujeta los hombros de su oponente sobre la colchoneta durante un tiempo determinado (normalmente dos segundos) para asegurarse la victoria. También se conceden puntos por penalizaciones y descalificaciones.

Descalificaciones y sanciones

La lucha libre es un deporte competitivo, y a veces los ánimos se caldean. Por ello, existen varias normas que regulan las descalificaciones y sanciones para garantizar la seguridad de los competidores y proteger la integridad del deporte. Por ejemplo, los luchadores no pueden golpear a su oponente con ninguna parte del cuerpo ni morderle o tirarle del cabello. Si un luchador infringe estas normas, puede ser sancionado con una advertencia, una deducción de puntos o la descalificación, dependiendo de la gravedad de la infracción. Estas reglas se han establecido para proteger a los luchadores y al deporte de la lucha.

Categorías de peso y divisiones

Una de las reglas fundamentales de la lucha son las categorías de peso y las divisiones. Cada competición cuenta con una categoría de peso, y los luchadores deben pesarse antes de cada combate. Las categorías de peso proporcionan una competición justa entre atletas de tallas, pesos y fuerzas similares. Si un luchador tiene sobrepeso para su categoría, puede ser penalizado, descalificado o trasladado a la categoría de peso siguiente.

Fuera de los límites

Otra regla esencial de la lucha libre es el fuera de límites. En la lucha libre, el cuadrilátero se denomina tatami y suele estar marcado por un círculo exterior. Si un luchador se sale de los límites, recibe una penalización o pierde el combate. Por lo tanto, es vital estar atento al borde de la colchoneta y asegurarse de que el cuerpo no cruza la línea durante el partido. Además, un luchador debe mantener constantemente el contacto con el tapiz y no puede empujar a propósito a su oponente fuera de los límites.

Límites de tiempo

La mayoría de los combates de lucha tienen un límite de tiempo, y entender cómo funciona es esencial. Por lo general, los combates de nivel secundario y universitario duran tres periodos de dos minutos cada uno. Si el partido termina en empate, los atletas van a la prórroga y tienen un minuto para ganar. Durante la prórroga, gana el primer luchador que anote un punto.

Puntuación

La última regla esencial de la lucha es la puntuación. Al final de cada periodo, el luchador con más puntos gana el asalto. Si el recuento de puntos está empatado al final del último periodo, los luchadores van a la prórroga. Se conceden puntos por diferentes acciones dentro del cuadrilátero: 1 punto por una escapada, 2 puntos por un derribo y 3 puntos por una combinación de tiempo de caída y casi caída, en la que un luchador casi aplasta a su oponente.

Las reglas fundamentales de la lucha garantizan una competición justa y segura para todos los participantes. Dominar estas reglas es esencial para convertirse en un luchador de éxito. Las categorías de peso, el fuera de límites, los límites de tiempo y la puntuación son de vital importancia para la lucha estratégica. Si conoce la organización de los combates, el sistema de puntuación y las descalificaciones y sanciones, podrá enfrentarse mejor a sus oponentes en el tatami y ganar más combates.

Habilidades básicas de la lucha libre

La lucha libre requiere una combinación única de fuerza, agilidad y equilibrio. Para tener éxito, debe desarrollar habilidades fundamentales para superar a su oponente. Esta sección analiza las habilidades esenciales que todo luchador debe dominar para llevar su rendimiento al siguiente nivel.

Equilibrio

Una de las habilidades más importantes en la lucha libre es el equilibrio. Un buen sentido del equilibrio en la lucha le permite mantener su posición y evitar que su oponente tome el control. Un buen equilibrio comienza con una alineación corporal y un juego de pies adecuados. Para mejorar su equilibrio, trabaje en su postura y posicionamiento con regularidad. Eso incluye practicar movimientos básicos como los derribos con una o dos piernas y desafiarse a sí mismo con variaciones de esos movimientos para mejorar aún más el equilibrio.

Fuerza

La lucha requiere mucha fuerza. Debe aplicar fuerza a su oponente y mantener su posición con eficacia. El entrenamiento de fuerza es una parte esencial del régimen de entrenamiento de un luchador. Incluye ejercicios con pesas y otros ejercicios de resistencia para aumentar la fuerza general. Céntrese en ejercicios compuestos, como sentadillas, peso muerto y press de banca, para desarrollar la fuerza funcional.

Trabajar la fuerza de agarre es esencial para controlar al oponente y ejecutar los movimientos con mayor eficacia.

Agilidad

La agilidad es la capacidad de moverse con rapidez y responder a los movimientos del oponente, otra habilidad crucial en la lucha libre. Concéntrese en ejercicios para mejorar su rapidez y tiempo de reacción para desarrollar la agilidad. Las escaleras de agilidad y los ejercicios con conos pueden mejorar su juego de pies y su tiempo de reacción. Los ejercicios pliométricos, como los saltos de cajón y los saltos laterales, pueden ayudarle a desarrollar la potencia explosiva y la velocidad.

Resistencia mental

Aunque no es una habilidad física, la resistencia mental es un atributo fundamental que todo luchador debe cultivar. Los combates de lucha son eventos mental y emocionalmente agotadores que ponen a prueba sus límites. Desarrollar la fortaleza mental le ayuda a superar las dificultades de un combate y le mantiene motivado durante el entrenamiento. Para desarrollar la fortaleza mental, céntrese en sus objetivos y visualice el éxito. Recuerde siempre que la lucha exige disciplina, perseverancia y fortaleza mental.

Resistencia

La lucha es un deporte intenso que requiere una gran resistencia física. Por lo tanto, los luchadores necesitan un entrenamiento cardiovascular constante, como correr, montar en bicicleta o nadar, para aumentar su resistencia. El entrenamiento mejora su capacidad para mantener la actividad física y durar más tiempo durante los combates de lucha. Además, lo mejor sería centrarse en el desarrollo de la fuerza y la flexibilidad para mantener una postura y unos movimientos adecuados durante la lucha. El desarrollo de la resistencia requiere tiempo y disciplina, pero es una habilidad esencial que puede marcar la diferencia entre ganar y perder.

Fortaleza mental

La lucha libre somete a los deportistas a mucha presión, y es fácil sentirse abrumado por el estrés y la ansiedad. La fortaleza mental le ayuda a mantener la calma y a concentrarse durante los combates, a rendir al máximo y a tomar mejores decisiones. Puede mejorar su fortaleza mental fijándose objetivos realistas, trabajando la capacidad de visualización y expresándose positivamente. Aprenda a controlar sus emociones, especialmente cuando las cosas se ponen difíciles. Un luchador que ha perfeccionado su fortaleza mental está mejor preparado para afrontar los retos que se le presenten.

Conocimientos básicos de estrategia y táctica

Los combates de lucha requieren una planificación estratégica y la ejecución de movimientos. Conocer las tácticas y estrategias básicas de la lucha libre es esencial para tener éxito en este deporte. Las estrategias clave incluyen el control del centro de la colchoneta, el mantenimiento del equilibrio y la agresividad. Es crucial conocer diferentes técnicas, como derribos, escapes y clavadas, que dan ventaja durante los combates. Un buen luchador debe saber anticiparse a los movimientos de su oponente y evitar los patrones predecibles. Trabaje con su entrenador para desarrollar una sólida comprensión de las distintas estrategias y tácticas.

Confianza en sí mismo

La lucha es un deporte individual que requiere que confíe en sus habilidades y destrezas. La confianza en sí mismo es vital para ganar los combates. Debe tener confianza en sus habilidades físicas, su fortaleza mental y sus conocimientos de este deporte, que se adquieren con la práctica y la experiencia. Para aumentar la confianza en sí mismo, concéntrese en sus puntos fuertes, analice sus puntos débiles y fíjese objetivos alcanzables para mejorar ambos. Lo mejor es rodearse de personas positivas y que le apoyen y crean en usted. La confianza en sí mismo le ayudará a superar las adversidades y a tener más éxito sobre el tatami.

La lucha es un deporte difícil pero gratificante, y dominar las habilidades fundamentales que se tratan en esta sección le ayudará a convertirse en un luchador de éxito. La resistencia, la fortaleza mental, la estrategia y las tácticas, y la confianza en sí mismo son aspectos críticos de la lucha que mejorarán su rendimiento y le llevarán a la victoria. Recuerde, la lucha es un deporte que requiere dedicación, trabajo duro y disciplina, pero las recompensas son abundantes. Por lo tanto, continúe trabajando en sus habilidades, manténgase concentrado y mejore siempre.

Consejos para principiantes

La lucha libre es un deporte físicamente exigente que requiere resistencia, fuerza, agilidad y técnica. Es un deporte que pone a prueba las capacidades físicas y la fortaleza mental. Si es un principiante en el mundo de la lucha libre, aquí tiene algunas cosas que debe tener en cuenta.

- **Trabaje su cardio:** La resistencia cardiovascular es esencial en la lucha libre, ya que este deporte requiere mantener una intensidad alta durante un periodo prolongado. Debe entrenar el corazón y los pulmones para suministrar eficazmente oxígeno a los músculos. Correr, montar en bicicleta, nadar y saltar a la cuerda son algunas de las formas más eficaces de mejorar la resistencia cardiovascular. Incorpore el cardio a su régimen de entrenamiento; durará más en los combates.

- **Nutrición adecuada:** Una nutrición adecuada es crucial en cualquier deporte, y la lucha libre no es una excepción. Como luchador, debe consumir una dieta equilibrada de proteínas, carbohidratos y grasas saludables. Además, coma mucha fruta y verdura. Evite los alimentos azucarados y procesados, que pueden afectar a sus niveles de energía y entorpecer su rendimiento.

- **Domine los fundamentos:** La lucha requiere una base sólida en los fundamentos. Lo mejor es aprender las posturas, los golpes y los derribos básicos. Dedique tiempo a practicar estos movimientos básicos para que se conviertan en algo natural. Una vez que domine los fundamentos, podrá pasar a técnicas más avanzadas.

- **Entrene con compañeros de distintos niveles**: Entrenar con compañeros de distintos niveles supone un reto importante. Por ejemplo, luchar con alguien mejor que usted puede perfeccionar sus técnicas, mientras que luchar con alguien menos hábil refina sus movimientos. Puede aprender algo de todo el mundo, así que no dude en salir de su zona de confort y entrenar con diferentes compañeros.

- **Mantenga la motivación:** La lucha libre puede suponer un reto físico y mental, por lo que es esencial mantener la motivación. Fíjese objetivos realistas y controle sus progresos. Rodéese de personas positivas y afines que le apoyen y motiven. Sea audaz y busque la inspiración de los mejores luchadores, y recuerde siempre por qué empezó a luchar en primer lugar.

Técnicas básicas de lucha

Tanto si es usted un observador casual como un atleta serio, la lucha libre es un deporte divertido, desafiante y gratificante. Desde la colchoneta del instituto hasta el escenario olímpico, la lucha exige una combinación perfecta de fuerza, velocidad y técnica. Una de las cosas más importantes que hay que recordar al iniciarse en la lucha libre es dominar los aspectos básicos. No necesita movimientos extravagantes ni complicados bloqueos de piernas. En su lugar, céntrese en técnicas sencillas que puedan tener un impacto significativo en el tatami. Esta sección analiza algunos de los procesos más fundamentales en la lucha libre.

Postura y movimiento

Antes de que pueda ejecutar un movimiento, al menos bien, debe dominar la postura básica de lucha, una posición equilibrada y atlética. Empiece con los pies separados a la anchura de los hombros y las rodillas ligeramente flexionadas. La espalda debe estar recta y la cabeza hacia delante. Mantenga las manos en alto y los codos hacia dentro. Esta posición le permite moverse rápidamente sin perder el equilibrio. Mantenga siempre los pies en movimiento, arrastrando los pies de un lado a otro, rodeando al adversario y cambiando de nivel para mantenerlo en vilo.

Escapes

Las escapadas son la clave para salir de posiciones difíciles y evitar ser inmovilizado. La fuga más básica es el levantamiento, empujando la colchoneta con las manos y rodando sobre los pies. Desde ahí, puede escapar del agarre de su oponente, volver a ponerse de pie y empezar de nuevo. Otra buena forma de escapar es el hip heist, en el que utilizas las caderas para crear espacio y girar para escapar de un agarre. Pero, de nuevo, recuerde mantener sus movimientos rápidos y dinámicos y evitar que su oponente se sienta demasiado cómodo encima de usted.

Reversiones

Las reversiones consisten en dar la vuelta a la tortilla, tomar lo que el oponente tiene y hacerlo suyo. La reversión más sencilla es el cambio. Consiste en girar sobre su oponente y hacerlo rodar sobre su espalda. Este movimiento puede ser muy eficaz si se ejecuta con suavidad y rapidez. Otra reversión clásica es el giro Peterson. Este movimiento requiere más delicadeza y práctica, pero puede ser versátil si se domina.

Una vez más, lo mejor es provocar al oponente para que se esfuerce más de la cuenta antes de tumbarlo de espaldas o exponer sus hombros.

Aprendiendo los fundamentos de la lucha, la postura, el movimiento de escape y las reversiones, desarrollará rápidamente sus habilidades y se convertirá en un luchador más seguro de sí mismo. Recuerde, mantenga sus movimientos rápidos y fluidos y la barbilla alta. La lucha libre consiste en desafiarse a sí mismo, superar los límites y divertirse. Tanto si es principiante como si tiene experiencia, los fundamentos son siempre la base del éxito.

Derribos

Los derribos son esenciales en la lucha libre, ya que permiten ganar puntos y dan ventaja al luchador. El objetivo es derribar a su oponente a la lona sacándolo de sus pies. Existen varios métodos de derribo, como el de una pierna, el de doble pierna y el del bombero. Dominar una o dos técnicas de derribo mediante la repetición y la práctica es esencial para el éxito. El método requiere estudiar los movimientos del oponente y anticiparse a su siguiente movimiento. Una vez que se tiene al oponente en la lona, el siguiente paso es iniciar una combinación de inmovilización.

Combinaciones de inmovilización

Las combinaciones de inmovilización son la piedra angular de la lucha libre. Una vez que el oponente está en la lona, es esencial conocer las diferentes técnicas para conseguir puntos. Entre las técnicas de inmovilización se incluyen la cuna, la media Nelson y el ala de pollo. Un buen luchador debe tener un repertorio de varias combinaciones de inmovilización para sorprender a su oponente y conseguir puntos esenciales. Dependiendo de la situación, las técnicas de inmovilización pueden ejecutarse después de un derribo o desde la posición de pie. La capacidad de un luchador para leer al oponente e identificar sus puntos débiles es esencial para aplicar estas técnicas con éxito.

Práctica

Para dominar los fundamentos de la lucha libre, debe practicar constantemente con una actitud positiva que le permita aprender de sus errores. Los ejercicios repetitivos le ayudarán a perfeccionar sus movimientos y a desarrollar la memoria muscular, aumentando sus habilidades técnicas y su eficacia. Observar y aprender de otros luchadores y entrenadores es una forma excelente de aprender.

Acondicionamiento

Por último, el acondicionamiento, que incluye el entrenamiento de fuerza y cardiovascular, es esencial para desarrollar la resistencia y mantenerse a la altura de las exigencias físicas de la lucha. Por lo tanto, un buen luchador debe tener un régimen de entrenamiento equilibrado, que incluya ejercicios de fuerza y cardio, para desarrollar sus capacidades atléticas y resistir la fatiga.

Montar y controlar las piernas

La conducción y el control de la pierna son técnicas fundamentales en la lucha libre. El primer paso es establecer el control sobre la pierna del oponente rodeándola con la pierna o enganchando el brazo por debajo de la pierna. Una vez que tenga el control, concéntrese en mantener la presión y el equilibrio. Mantenga su peso sobre el oponente para evitar que escape. Para montar las piernas con eficacia, utilice el control del tobillo y la cadera. Mantenga el tobillo de su oponente apretado contra su cuerpo y utilice la cadera para ejercer presión, dificultando que su oponente escape o maniobre con su cuerpo. A partir de aquí, puede realizar varios movimientos, como una inclinación o un giro.

Finalización

Una vez que haya conseguido controlar a su oponente, es el momento de ejecutar una finalización. Los remates más comunes en la lucha libre son los clavados, los derribos y los giros. Cada uno de ellos requiere técnicas y estrategias diferentes. Para realizar un pin, los hombros de su oponente deben estar sobre la colchoneta durante dos segundos. La forma más fácil de conseguirlo es levantar la pierna de su oponente y barrer su torso hacia la colchoneta. Una vez que su oponente esté de espaldas, sujételo con el peso de su cuerpo y clave el hombro en su pecho.

El objetivo de los derribos es llevar al adversario a la lona. La clave está en aprovechar el impulso y el efecto de palanca para dominar al adversario. Uno de los derribos más habituales es el de doble pierna. Consiste en lanzarse rápidamente hacia las piernas del oponente, rodearlas con los brazos y levantarlas del suelo. Los giros se utilizan para ganar puntos exponiendo la espalda del oponente a la lona, normalmente desde una posición superior. Utilice su peso y el control de la cadera para poner a su adversario boca arriba y, a continuación, sujételo para conseguir los puntos.

La lucha libre es un deporte que exige resistencia física, agilidad mental y dominio de las técnicas básicas de lucha. Los derribos y las combinaciones de inmovilización son habilidades fundamentales que todo luchador debe conocer. Las técnicas fundamentales ayudan a los luchadores a establecer y mantener una posición dominante frente a sus oponentes. Perfeccionar las técnicas básicas de lucha requiere mucha práctica, persistencia y dedicación. Desarrollar la resistencia es fundamental para que un luchador sobreviva a los rigores de este deporte, y es esencial un régimen de entrenamiento equilibrado, que incluya ejercicios de fuerza y cardiovasculares. Con una actitud positiva y una práctica regular, el dominio de estas técnicas básicas le ayudará a convertirse en un mejor luchador.

Capítulo 3: Postura y equilibrio

La postura y el equilibrio son los factores más críticos para lograr el éxito en el tatami. Mantener una buena postura garantiza que pueda generar la máxima potencia y apalancamiento en sus movimientos a la vez que evita lesiones. Mientras tanto, tener un excelente equilibrio le permite mantener el control sobre su oponente, evitando que gane la mano. Pero dominar estas habilidades es todo un reto. Requiere tiempo, dedicación y la voluntad de llegar al límite.

Con paciencia y práctica, mejorará día a día. Este capítulo profundiza en la importancia de la postura y el equilibrio en la lucha y en los ejercicios que los desarrollan. Además, explora cómo afectan positivamente a su vida diaria. Observará los errores que la gente suele cometer en la postura y el equilibrio y cómo afectan a su salud, y comprenderá cómo la postura y el equilibrio son esenciales para el éxito en la lucha libre.

Postura y equilibrio en la lucha libre

La lucha libre es un deporte intenso y físicamente exigente que requiere agilidad, fuerza y habilidad. Los luchadores deben aprender a mantener una postura y un equilibrio adecuados para destacar en este deporte. Una buena postura y un buen equilibrio pueden marcar la diferencia entre ganar o perder un combate. Esta sección explora la importancia de mantener una postura y un equilibrio adecuados en la lucha libre.

Importancia de una buena postura

La postura es fundamental para el rendimiento de un luchador. Una postura correcta ayuda a los luchadores a mantener el equilibrio, evitar lesiones y controlar a sus oponentes. Los luchadores con una buena postura pueden permanecer en una posición más ventajosa y estable, lo que les proporciona una ventaja táctica. Los luchadores con una buena postura tienen menos probabilidades de sufrir lesiones como torceduras y esguinces. Además, una postura correcta garantiza que los luchadores puedan generar la máxima potencia y apalancamiento en sus movimientos.

Beneficios de un buen equilibrio

El equilibrio es otro factor crucial en la lucha libre. Los luchadores con buen equilibrio pueden moverse con rapidez y fluidez, lo que les ayuda a eludir los ataques del oponente y a lanzar movimientos contraofensivos. Un buen equilibrio permite a los luchadores mantener el control cuando forcejean en la lona. Además, un luchador con buen equilibrio puede utilizar su posición corporal para mantener al oponente en su sitio y evitar ser inmovilizado. Además, un luchador con buen equilibrio es menos propenso a lesionarse.

Trabajar la postura y el equilibrio

Los luchadores pueden mejorar su postura y equilibrio mediante ejercicios específicos. Fortalecer los músculos centrales es fundamental para crear una base sólida para una buena postura y equilibrio. Un ejercicio dirigido a los músculos centrales es la plancha, que consiste en mantener una posición de flexión de brazos durante un tiempo determinado. Además, las estocadas pueden mejorar el equilibrio al fortalecer las piernas y las caderas. Los ejercicios con bandas de resistencia son prácticos para mejorar el equilibrio. Por ejemplo, ponerse de pie sobre una pierna mientras se sujeta una banda de resistencia puede desarrollar el equilibrio y la estabilidad.

Una buena postura y el equilibrio evitan lesiones, mantienen el control durante los partidos y crean ventajas estratégicas. Puede conseguir una mejor postura y equilibrio, incorporando ejercicios para mejorar la fuerza del tronco y la parte inferior del cuerpo y manteniendo una posición adecuada durante los partidos. La clave está en ser constante y persistente en su entrenamiento y hacer de la buena postura y el equilibrio una parte natural de su técnica de lucha. Verá los beneficios y dominará a sus oponentes con tiempo y dedicación.

Ejercicios para una buena postura y equilibrio

Mantener una buena postura y el equilibrio durante un combate requiere concentración y conciencia. Mantener la cabeza erguida y los hombros hacia atrás es vital para mantener una buena postura. Además, hay que ser consciente constantemente de la posición de los pies y del cuerpo para mantener un buen equilibrio. Esta sección cubre los ejercicios esenciales para mejorar la postura y el equilibrio, que los luchadores deben priorizar en su rutina de entrenamiento.

Planchas

Las planchas pueden ser útiles para desarrollar la fuerza central"

Las planchas son uno de los mejores ejercicios para desarrollar la fuerza del tronco, esencial para mantener una buena postura y el equilibrio. Trabajan todos los músculos principales del tronco, incluidos los abdominales, los oblicuos y la zona lumbar. Para realizar una plancha, colóquese en posición de flexión con los antebrazos apoyados en el suelo. Los codos deben estar justo debajo de los hombros. Mantenga esta posición de 30 segundos a 1 minuto, o tanto tiempo como pueda sin perder la forma.

Paseos con minibandas

Los paseos con minibandas pueden ayudar a mejorar el equilibrio y la estabilidad

Los paseos con minibandas son ejercicios excelentes para mejorar el equilibrio y la estabilidad. Se centran en los músculos de las piernas y las caderas que controlan el movimiento lateral, esencial para mantener una base sólida en la lucha. Para realizar caminatas con minibandas, colóquese una minibanda alrededor de los tobillos y colóquese de pie con los pies separados a la altura de los hombros. A continuación, dé pequeños pasos hacia un lado, manteniendo la tensión en la banda durante todo el ejercicio. Repita esta acción dando diez pasos en cada dirección.

Estocadas

Las estocadas pueden mejorar la postura, el equilibrio y la fuerza de las piernas [4]

Las estocadas son excelentes para mejorar la postura, el equilibrio y la fuerza de las piernas. Trabajan los músculos de los glúteos, los isquiotibiales y los cuádriceps, esenciales para mantener una base estable en la lucha. Por ejemplo, da un paso adelante con un pie y baja el cuerpo hasta que la rodilla delantera forme un ángulo de 90 grados para realizar una estocada. La rodilla trasera debe quedar justo por encima del suelo. Repita con la otra pierna.

Peso muerto con una sola pierna

A B

Las elevaciones a una pierna trabajan las caderas, los isquiotibiales y los músculos lumbares

Las elevaciones a una pierna son un ejercicio exigente que afecta a las caderas, los isquiotibiales y los músculos lumbares. Mejoran el equilibrio y la estabilidad, lo que es vital para que los luchadores mantengan el equilibrio mientras derriban a sus oponentes. Colóquese sobre un pie con la rodilla ligeramente flexionada para realizar un peso muerto con una sola pierna. Baje lentamente el torso hacia el suelo mientras extiende la otra pierna por detrás. Mantenga la espalda recta y el tronco contraído. Repita con la otra pierna.

Flexiones con balón de estabilidad

Las flexiones con balón de estabilidad trabajan el tronco, los hombros y los músculos de la cadera

Las flexiones con balón de estabilidad son un ejercicio avanzado que se centra en los músculos del tronco, los hombros y la cadera. Mejoran el equilibrio, la estabilidad y el control general del cuerpo. Para realizar una flexión de brazos con balón de estabilidad, colóquese en posición de flexión de brazos con los pies sobre un balón de estabilidad. A continuación, empuje las caderas hacia el techo mientras acerca los pies a las manos. Por último, baje lentamente hasta la posición inicial.

Beneficios de una buena postura y equilibrio

La lucha es uno de los deportes más exigentes físicamente, que requiere fuerza, agilidad y coordinación. Estas habilidades dependen en gran medida de la postura y el equilibrio. Como luchador, comprenderá la importancia de estos dos componentes para el rendimiento en el cuadrilátero. Además, una buena postura y el equilibrio son cruciales para la lucha libre porque reducen el riesgo de lesiones y mejoran el rendimiento general. Esta sección analiza los beneficios de una buena postura y equilibrio en la lucha libre y cómo mejorarlos para llevar su juego al siguiente nivel.

Mejora de la técnica

La técnica de un luchador es la base de su juego. Debe tener una base adecuada de postura y equilibrio para ejecutar las técnicas con precisión. Una buena postura le permite mantener una base estable mientras realiza movimientos ofensivos o defensivos. El equilibrio adecuado le permite ajustar la distribución del peso y el movimiento para anticipar el siguiente movimiento de su oponente. Al mejorar su postura y equilibrio, estará preparado para ejecutar sus técnicas con eficacia y reaccionar con confianza a los movimientos de su oponente.

Reducción del riesgo de lesiones

La lucha libre es un deporte de alto riesgo, que a menudo provoca lesiones. Una buena postura y el equilibrio ayudan a mantener una alineación corporal adecuada y reducen el riesgo de lesionarse. Una postura correcta mantiene la columna vertebral en una posición neutra, lo que minimiza la tensión de los músculos de la espalda y reduce el riesgo de lesiones. Un equilibrio adecuado le permite distribuir su peso de manera uniforme, lo que evita que aterrice torpemente y se lesione las articulaciones.

Mayor fuerza y resistencia

Una postura y un equilibrio adecuados son esenciales para aumentar la fuerza y la resistencia durante el entrenamiento. Sin embargo, mantener una buena postura y el equilibrio requiere mucha energía, especialmente durante los largos combates de lucha. Al practicar ejercicios y técnicas de equilibrio, desarrolla los músculos centrales y de las piernas, lo que le permite desarrollar fuerza y resistencia. Además, una mayor resistencia le ayuda a mantenerse concentrado y alerta durante todo el combate, lo que le proporciona una ventaja competitiva sobre su oponente.

Mejor coordinación de movimientos

La lucha implica una gran cantidad de movimientos rápidos y fluidos que requieren la coordinación entre la parte superior del cuerpo, la parte inferior y los músculos centrales. Una buena postura y el equilibrio mejoran la coordinación de los movimientos al conectar todos los músculos y permitir que trabajen juntos sin problemas. La mejora de la coordinación le permite moverse con eficacia y rapidez, ejerciendo menos presión sobre los músculos y reduciendo la fatiga.

Mayor concentración mental

Por último, una buena postura y el equilibrio pueden mejorar su concentración mental. Los luchadores necesitan mucha fortaleza mental para destacar en este deporte. Practicar posturas y ejercicios de equilibrio le ayuda a centrarse en sus movimientos físicos, despejando su mente de distracciones. Una mente concentrada le mantiene alerta, concentrado y tranquilo en situaciones de gran presión.

Debe mejorar regularmente su postura y su equilibrio para convertirse en un luchador de éxito. Incorporar ejercicios de postura y equilibrio a su rutina puede mejorar su técnica, reducir las lesiones y desarrollar la fuerza, la resistencia, la coordinación de movimientos y la concentración mental. Un buen rendimiento en la lucha libre requiere una base sólida de postura y equilibrio adecuados. Con dedicación y esfuerzo, podrá desarrollar todo su potencial en la lucha libre.

Errores que la gente comete en la postura y el equilibrio

Desafortunadamente, muchos luchadores cometen errores comunes con respecto a la postura y el equilibrio, lo que conduce a lesiones y pérdidas de partidos. Es esencial asegurarse de que el cuerpo está en la posición correcta y de que el peso está distribuido uniformemente. Adoptar una postura demasiado amplia puede impedir el movimiento y desequilibrar al luchador. Estos son algunos de los errores más comunes que cometen los luchadores en relación con la postura y el equilibrio, y cómo corregirlos.

Encorvar los hombros

Uno de los errores más comunes que se cometen en la lucha libre es encorvar los hombros, el encorvamiento tensa los músculos del cuello y la espalda, lo que provoca dolor crónico y lesiones. Por lo tanto, es esencial mantener los hombros bajos y la espalda recta durante la lucha. Esta postura evita la tensión innecesaria en los hombros y los músculos de la espalda y mantiene el equilibrio.

Inclinarse demasiado hacia delante

Inclinarse demasiado hacia delante es otro error común en la lucha libre y puede provocar lesiones. Cuando los luchadores se inclinan demasiado hacia delante, ejercen mucha presión sobre las rodillas y son más propensos a ser derribados. La mejor forma de evitar este error es mantener una postura equilibrada. Mantenga los pies separados a la anchura de los hombros y doble ligeramente las rodillas para mantener el peso centrado.

Levantar la barbilla

Muchos luchadores levantan la cabeza y la barbilla mientras luchan, lo que afecta a su equilibrio. Esta postura dificulta mantener el contacto visual con el oponente y anticiparse a sus movimientos. En su lugar, meta la barbilla en el pecho, baje la cabeza y mantenga el contacto visual con su oponente. De este modo conseguirá un mayor equilibrio y control del combate.

No mantener fuertes los músculos centrales

Otro error que se comete en la lucha es no ejercitar los músculos centrales. Los músculos centrales son esenciales para mantener un buen equilibrio y una postura correcta. Los luchadores pierden la forma y son más propensos a lesionarse cuando no activan los músculos centrales. Concéntrese en respirar y en activar los músculos abdominales durante el combate para mantener activados los músculos centrales.

Extensión excesiva de las piernas

Durante la lucha, extender demasiado las piernas es un error común que cometen los luchadores. Esta postura puede hacerle perder el equilibrio y exponerle durante el ataque de su oponente. Puede provocar lesiones en sus piernas y articulaciones. En lugar de eso, concéntrese en mantener los pies separados a la anchura de las caderas y en trabajar los músculos de las piernas para mantener el equilibrio. Mantendrá un mejor control del combate y evitará daños innecesarios en su cuerpo.

Si evita estos errores comunes, podrá rendir al máximo y reducir el riesgo de lesiones. Recuerde, mantenga un equilibrio adecuado, mantenga sus músculos centrales comprometidos, y cuide su postura, y estará en camino de convertirse en un mejor luchador.

Desarrollar la postura y el equilibrio para la lucha libre

Una buena postura y un buen equilibrio le permiten mantener la estabilidad y el control mientras ejecuta los movimientos en el cuadrilátero. Una buena postura garantiza la alineación correcta del cuerpo, lo que reduce el riesgo de lesiones y aumenta la fuerza general.

Por lo tanto, para mejorar su juego de lucha libre, es imprescindible construir una base sólida de postura y equilibrio. Aquí tiene consejos y ejercicios que le ayudarán a conseguir una buena postura y equilibrio.

Practicar una buena postura

El primer paso para desarrollar una buena postura es practicarla a diario. Por ejemplo, manténgase recto conscientemente, eche los hombros hacia atrás y mantenga la cabeza erguida. Esto ayuda a desarrollar la memoria muscular para mantener una buena postura durante los combates de lucha. Practique también una buena postura al sentarse, caminar y dormir. Por ejemplo, estar de pie o sentado con los hombros encogidos o encorvarse provoca desequilibrios musculares y una mala postura con el tiempo. Además, lo mejor es tener un colchón cómodo y almohadas que sujeten su espalda para mantener una buena postura mientras duerme.

Fortalezca el tronco

Los músculos centrales son la base de la postura y el equilibrio. Fortalecerlos mantiene una alineación y estabilidad adecuadas durante la lucha. Algunos ejercicios para mejorar los músculos centrales son las planchas, las flexiones en V y las bicicletas. Estos ejercicios se centran en los abdominales, la zona lumbar y los oblicuos, vitales para mantener una buena postura y el equilibrio.

Mejore el equilibrio

Tener un buen equilibrio es fundamental durante la lucha. Por suerte, puede realizar varios ejercicios y prácticas para mejorarlo. Empiece con ejercicios básicos de equilibrio, como ponerse de pie sobre una pierna o utilizar una tabla de equilibrio. Una vez que los domine, pase a ejercicios más avanzados como sentadillas a una pierna, variaciones de estocadas y ejercicios con balón de inestabilidad. Estos ejercicios mejoran el equilibrio a la vez que fortalecen las piernas y el tronco.

Trabaje su juego de pies

El juego de pies es otro aspecto crucial de la buena postura y el equilibrio. Los movimientos rápidos y precisos requieren una base sólida sobre la que apoyarse, y esta suele proceder de un juego de pies adecuado. Dedique tiempo a practicar ejercicios básicos de juego de pies, como arrastrar los pies, hacer ejercicios de escalera y esquivar. Una vez que los domine, practique ejercicios más avanzados que simulen los movimientos más habituales en los combates de lucha libre.

Concéntrese en la respiración

A menudo se pasa por alto la respiración en los debates sobre postura y equilibrio, pero es una pieza crucial del rompecabezas. Las técnicas de respiración adecuadas le permiten mantener la estabilidad y el control durante la ejecución de los movimientos y aumentar la resistencia. Practique la respiración profunda e intencionada mientras realiza sus ejercicios de postura y equilibrio. Inhalar al subir y exhalar al bajar favorece el equilibrio.

Tanto si es un experto luchador como un principiante, trabajar la postura y el equilibrio es esencial para su éxito en el ring. Practicando estos consejos y ejercicios, puede desarrollar una base de estabilidad y control para ejecutar sus movimientos con mayor precisión y agilidad. Recuerde, trabaje en su postura, fuerza central, equilibrio, juego de pies y respiración, y pronto verá una mejora notable en su juego de lucha.

Consejos para mantener una buena postura y el equilibrio durante un combate de lucha libre

Mantener una buena postura y el equilibrio durante un partido es crucial, ya que le ayuda a conservar la energía, evitar lesiones y, en última instancia, ganar el partido. Debe practicar una buena postura y el equilibrio con regularidad para mantener el control y estar por encima de su oponente durante un combate. Estos son algunos consejos que le ayudarán a mantener una buena postura y equilibrio durante un combate de lucha.

Ejercita los músculos centrales

Los músculos centrales estabilizan el cuerpo y mantienen una buena postura durante el combate. Para ello, hale el ombligo hacia la columna vertebral y mantenga la espalda recta. Así mantendrá el equilibrio y evitará que su adversario le desequilibre. La clave es mantener los músculos abdominales contraídos durante todo el partido.

Mantenga los pies separados a la altura de los hombros

Tener los pies separados a la anchura de los hombros proporciona una base sólida para mantener el equilibrio y le ayuda a resistir los derribos. Mantener el peso distribuido uniformemente entre ambos pies es esencial para evitar perder el equilibrio. Si su oponente intenta empujarle, mantenga los pies firmemente plantados en la colchoneta y resista su fuerza. Podrá contrarrestar mejor sus movimientos si sus pies están estables.

Manténgase agachado

Permanecer agachado le ayudará a mantener el equilibrio mientras ejecuta derribos e inversiones. Mantenga las caderas por debajo del nivel de su oponente para hacer palanca y aumentar el control. Le ayudará a evitar ser derribado o invertido. Si está a la defensiva, manténgase agachado y utilice su centro para resistir la fuerza de su oponente.

Mantenga las manos abiertas

Las manos abiertas proporcionan equilibrio y un mejor agarre. Si tiene las manos cerradas, le resultará difícil reaccionar con rapidez a los movimientos de su adversario y perderá el equilibrio más rápidamente. Si su oponente se acerca lo suficiente como para agarrarle, tener las manos abiertas le dará flexibilidad para ajustarse y contrarrestar sus movimientos. Una vez que adquiera el hábito de mantener las manos abiertas, podrá aprovechar las oportunidades para ejecutar derribos e inversiones.

Flexione las rodillas

Doblar ligeramente las rodillas le ayuda a mantener el equilibrio y reaccionar con rapidez a los movimientos de su oponente. Le permite bajar su centro de gravedad, haciendo más difícil que su oponente le levante del suelo. La clave es mantener las rodillas ligeramente flexionadas, pero lo suficientemente rectas como para moverse con rapidez. Además, permanezca agachado y doble aún más las rodillas cuando esté en posición defensiva. Esto le dará más control y le hará ganar ventaja sobre su oponente.

Mantenga la cabeza alta

Levantar la cabeza ayuda a mantener una buena postura y a ser consciente de lo que le rodea. Es crucial en la lucha libre porque permite anticiparse a los movimientos del adversario y reaccionar en consecuencia. La posición ideal es mantener la barbilla alta y la mirada al frente. Así evitará que su oponente le derribe o le desequilibre.

Practicar yoga

Practicar yoga con regularidad puede mejorar el equilibrio, la flexibilidad y la postura. Las posturas de yoga centradas en el equilibrio, como la postura del árbol y la del guerrero III, pueden ser especialmente útiles para la lucha libre. Aunque solo practique algunas posturas durante cinco minutos al día, puede darle ventaja sobre sus oponentes. Los beneficios serán aún mayores si practica con regularidad y durante un periodo más prolongado.

Utilice la respiración

La respiración es fundamental en la lucha libre, ya que le ayuda a mantenerse relajado y concentrado. Respirar hondo durante el combate, conserva la energía y mantiene los músculos relajados. Cuando exhale, visualice el movimiento de su cuerpo como si estuviera ejecutando un movimiento impecablemente; le ayudará a centrarse en la tarea y a mantener un buen equilibrio y postura.

Mantener una buena postura y equilibrio durante un combate de lucha es crucial para el éxito. Si trabaja su núcleo, mantiene los pies separados a la altura de los hombros, flexiona las rodillas, mantiene la cabeza alta y practica yoga, puede mejorar su equilibrio y postura y convertirse en un mejor luchador. Practique regularmente estos consejos y verá cómo mejora su rendimiento sobre el tatami.

Capítulo 4: Penetración, elevación y otras maniobras

La lucha libre es una intrincada mezcla de agilidad, fuerza y estrategia. En su esencia, la lucha implica varios movimientos, como penetraciones y levantamientos, que requieren derribos, clavadas y sumisiones. Es una experiencia emocionante que mantiene a los espectadores al borde de sus asientos, maravillados por la fuerza, la habilidad y la técnica de los luchadores. Este deporte exige dedicación, perseverancia y disciplina para dominarlo, pero también es una forma excelente de ponerse en forma y ganar confianza en sí mismo.

Tanto si es aficionado como luchador, es innegable la emoción que produce ejecutar una maniobra perfecta sobre el tatami. Este capítulo se centra en algunas de las maniobras más comunes y valiosas de la lucha libre, ofreciendo detalles de cada movimiento y consejos de precaución para evitar daños físicos. Se explican los distintos niveles de movimiento y en qué es esencial centrarse. Al final de este capítulo, comprenderá mejor cómo ejecutar estos movimientos y por qué son tan importantes.

Penetración

La penetración es una habilidad esencial en la lucha libre, donde un luchador crea una ofensiva exitosa al romper la defensa de su oponente y obtener el control. Requiere una combinación de técnica, fuerza y agilidad. Esta sección analiza tres técnicas de penetración: Empujar, esquivar y rodar. Cada técnica funciona de manera diferente según el movimiento del cuerpo del oponente, el posicionamiento y la sincronización. Entonces, sumerjámonos en el mundo de la penetración y dominemos el arte de dominar el tatami de lucha libre.

Técnica de empuje

La técnica de empuje es mejor cuando el oponente está de pie

Es una técnica en la que el luchador carga hacia delante con velocidad y agresividad. El objetivo es superar la defensa del oponente aplicando una presión firme en la parte superior del cuerpo. A continuación, se explica cómo realizar esta técnica:

- Empiece con una postura baja y la cabeza a la altura del pecho del oponente.
- A continuación, coloque el hombro en el pecho del adversario y empuje con la pierna adelantada.
- Siga con la pierna de apoyo y colóquese detrás del adversario.
- Asegure el control bloqueando las manos o agarrando la cintura.

La técnica de empuje es mejor cuando el oponente está de pie o tiene una postura defensiva débil. Sin embargo, si el oponente anticipa el movimiento, puede contrarrestarlo con una extensión (sprawl) o un agarre de brazo (whizzer).

Técnica del paso alrededor

La técnica del paso alrededor consiste en un movimiento circular para sortear la defensa del oponente y asegurar el control desde atrás. Requiere un buen juego de pies y sincronización para ejecutarla con eficacia. Estos son los pasos para realizar esta técnica:

- Comience fingiendo un golpe o un ataque para obligar al adversario a reaccionar.
- Dé un paso hacia el exterior de la pierna adelantada del oponente y haga un círculo.
- Mantenga la cabeza baja y rodee la cintura del adversario con los brazos.
- Por último, asegure el control desde atrás y derribe al oponente a la lona.

La técnica del paso alrededor requiere un buen juego de pies

La técnica del paso alrededor es adecuada para oponentes con una defensa sólida de la parte superior del cuerpo, pero débil en la parte inferior. Sin embargo, si el oponente se repliega, el luchador puede cambiar a un derribo con una sola pierna o pasar a otra técnica.

Técnica de rodamiento

La técnica de rodamiento se utiliza mejor cuando el oponente tiene una postura fuerte

La técnica de rodamiento es una forma única de penetrar en la defensa del oponente utilizando su impulso en su contra. Consiste en rodar sobre el cuerpo del oponente y obtener el control desde el lateral. He aquí cómo realizar esta técnica:

- Comience con un agarre de cuello o un control de muñeca para manipular los movimientos del adversario.
- Deje caer el peso y ruede sobre la espalda del adversario metiendo la cabeza y el hombro.
- Gire hacia el otro lado y asegure el control agarrando la pierna o la cintura.
- Lleve a su adversario a la lona o pase a otro movimiento.

La técnica del rodamiento se ejecuta mejor cuando el oponente espera un ataque estándar o tiene una postura fuerte. Sin embargo, requiere una sincronización y coordinación excelentes para ejecutarla con eficacia.

La penetración es una habilidad crucial en la lucha libre, ya que proporciona al luchador la ventaja en el combate. Las técnicas de empuje, giro y balanceo son tres formas de penetrar en la defensa del oponente y obtener el control. Por lo tanto, es esencial practicar estas técnicas con regularidad y dominar la sincronización, el juego de pies y la colocación. Recuerde que la clave para penetrar con éxito es anticiparse a los movimientos del oponente, mantener la presión y mantener la concentración y la disciplina. Con dedicación y trabajo duro, cualquiera puede dominar el arte de la penetración en la lucha libre y convertirse en un oponente formidable en el tatami.

Levantamiento

La lucha es un deporte de combate que exige fuerza, agilidad, resistencia y técnica. En cuanto a la técnica, el levantamiento es esencial para el juego. El levantamiento puede ayudarle a derribar a su adversario, controlar el combate y sumar puntos. Sin embargo, el levantamiento es una tarea difícil y requiere un entrenamiento y una técnica adecuados. En esta sección se analizan las tres técnicas de levantamiento más eficaces en la lucha libre: El levantamiento de cadera, el paso por encima y la división rodante. También se proporcionan consejos para mejorar sus habilidades de levantamiento y evitar errores comunes.

Levantamiento de cadera

El levantamiento de cadera es la técnica más básica en la lucha

El levantamiento de cadera es la técnica más básica de la lucha y consiste en utilizar las caderas para levantar al oponente. Para realizarlo, debe adoptar una postura baja, con los pies separados a la altura de los hombros, las manos en la espalda del oponente y la cabeza gacha. Empuje las caderas hacia delante y levante al adversario mientras gira hacia un lado. Esto le dará la fuerza necesaria para tomar el control del partido y sumar puntos.

El paso por encima

El paso por encima es efectivo cuando su oponente está en una postura baja

El paso por encima es otra técnica de elevación eficaz en la lucha libre, especialmente cuando su oponente está en una postura baja. Para realizar esta maniobra de la mejor manera, pise la pierna de su oponente con un pie mientras agarra su brazo opuesto para realizar un paso por encima. A continuación, levante la pierna de su adversario en el aire con la otra mano y dé un paso adelante con el pie. Esto hará que su oponente pierda el equilibrio, lo que le permitirá derribarlo.

División rodante

La división rodante es una técnica de levantamiento avanzada

La división rodante es una técnica de levantamiento más avanzada en la lucha libre y requiere un entrenamiento y una estrategia adecuados. Para realizar una división rodante, agarre la pierna de su oponente y tire de ella hacia usted mientras rueda sobre su espalda. A continuación, separe las piernas y levante al adversario con las suyas, haciéndole caer de espaldas. Esta técnica requiere mucha flexibilidad y agilidad, pero puede cambiar el juego si se ejecuta correctamente.

Consejos y errores a evitar

Debe centrarse en su técnica, fuerza y flexibilidad para mejorar sus habilidades de levantamiento en la lucha libre. Es esencial que practiqué con un compañero que pueda darle su opinión y ayudarle a mejorar su técnica. Sin embargo, debe evitar errores comunes, como levantar con los brazos en lugar de con las caderas, no utilizar las piernas para apoyar el levantamiento y no mantener el equilibrio.

El levantamiento es una parte crucial de la lucha, y dominar las técnicas adecuadas le da ventaja para ganar los combates. El levantamiento de cadera, el paso por encima y la división rodante son tres técnicas de levantamiento eficaces para derribar a su oponente y sumar puntos. Sin embargo, dominar estas técnicas requiere un enfoque adecuado, fuerza y flexibilidad. Puede mejorar sus habilidades de levantamiento y convertirse en un mejor luchador practicando con un compañero, centrándose en su técnica y evitando los errores comunes. Así que siga entrenando y perfeccionando sus habilidades. Recuerde, la práctica hace al maestro.

Paso hacia atrás

Una de las técnicas más cruciales y fundamentales de la lucha libre es el paso hacia atrás. El paso hacia atrás permite a los luchadores ganar ventaja, control y puntos contra sus oponentes. En esta sección se analizan las tres maniobras de paso hacia atrás, como el caminar de cangrejo, el paso hacia atrás y el rodar hacia atrás, y sus aplicaciones en los combates de lucha libre. Tanto para principiantes como para luchadores experimentados, esta sección proporciona información y estrategias vitales para mejorar sus habilidades de paso hacia atrás y dominar el tatami.

Caminar de cangrejo

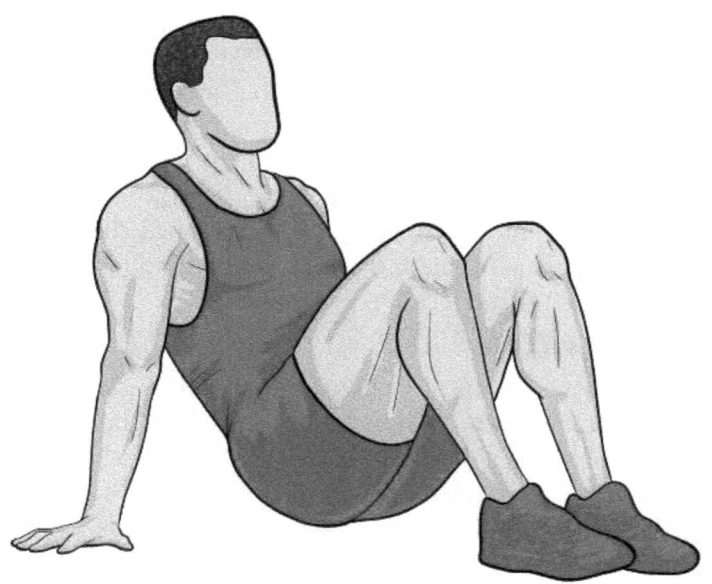

El caminar de cangrejo le permite moverse hacia atrás diagonalmente

La caminata de cangrejo es una técnica de retroceso en la que el luchador se mueve diagonalmente hacia atrás, cruzando su pie con el pie de su oponente. El cuerpo del luchador baja al hacerlo, presionando el pecho contra la espalda de su oponente. Este movimiento es beneficioso cuando el oponente del luchador inicia un ataque hacia delante, y el luchador quiere evitar el ataque y ganar ventaja. La técnica del caminar del cangrejo es una gran herramienta defensiva, pero puede dar lugar a contraataques, por lo que debe ejecutarse con rapidez y eficacia.

Paso hacia atrás

El paso hacia atrás es otra técnica útil de retroceso que consiste en dar un paso en diagonal hacia atrás y, al mismo tiempo, rodear el cuerpo del adversario. El luchador coloca su pie detrás del oponente y controla sus caderas. Este movimiento es excelente para obtener una posición ventajosa sobre el oponente, especialmente cuando este ataca hacia delante. El movimiento de paso hacia atrás es efectivo y deja al luchador contrario abierto a muchas otras formas de ataque, lo que lo convierte en una técnica versátil y efectiva para utilizar en competición.

Rodar hacia atrás

Rodar hacia atrás puede cambiar la dirección de un combate

Es una técnica de retroceso en la que el luchador mueve su cuerpo en un movimiento circular hacia atrás mientras se coloca detrás de la pierna de su oponente. El luchador gira su cuerpo para mirar a su oponente. En esta posición, tiene una posición clara y dominante para controlar a su oponente. Esta técnica es útil cuando el oponente del luchador intenta marcar puntos agarrando su pierna, permitiéndole escapar y atacar desde una posición de dominio. Cuando se ejecuta correctamente, la técnica de rodar hacia atrás es rápida y dinámica para cambiar la dirección de un combate, dejando al oponente vulnerable y perdido.

Consejos para los movimientos de paso hacia atrás

Las técnicas de paso hacia atrás son grandes herramientas, pero deben aplicarse con precaución y precisión. He aquí algunos consejos que le ayudarán a mejorar sus técnicas de paso hacia atrás y a hacerlas útiles en los combates.

- **Practicar con regularidad:** Practicar con regularidad movimientos de paso hacia atrás con la ayuda de un compañero de entrenamiento puede ayudarle a dominar con confianza el arte del paso hacia atrás.

- **Sea ágil:** El objetivo del paso atrás es esquivar y evitar los ataques del oponente, por lo que es esencial ser ligero de pies y ágil de puntillas.

- **Controlar las caderas del oponente:** Uno de los aspectos más cruciales de los movimientos de paso atrás es controlar las caderas del oponente. Le ayudará a dictar la dirección del combate y a apalancarse contra sus oponentes.

- **Utilice combinaciones:** Dominar los movimientos de retroceso forma parte del arsenal de un excelente luchador. Por lo tanto, es útil integrar esta técnica en otros métodos, como derribos, lanzamientos y sumisiones.

Los movimientos de paso hacia atrás son habilidades fundamentales que todo luchador debe dominar. La caminata del cangrejo, el paso hacia atrás y el giro hacia atrás son técnicas versátiles que ayudan a los luchadores a evitar ataques y obtener una posición ventajosa en los combates. Es esencial practicar y dominar estos movimientos, además de mejorar la agilidad y el control. Estos movimientos son técnicas excelentes para utilizar e integrar con otros métodos. Recuerde, un gran luchador requiere paciencia, diligencia y estrategia.

Arqueamiento de espalda

Una habilidad esencial en la lucha es levantarse del suelo lo más rápido posible, especialmente cuando su oponente está tratando de inmovilizarle. El arqueamiento de espalda o levantamiento con impulso es una técnica para levantarse del suelo, pero hay otras, como el levantamiento con balanceo y el levantamiento con salto. Esta sección explora los diferentes métodos de arqueo de espalda en lucha y proporciona consejos para dominarlos.

Levantamiento con impulso

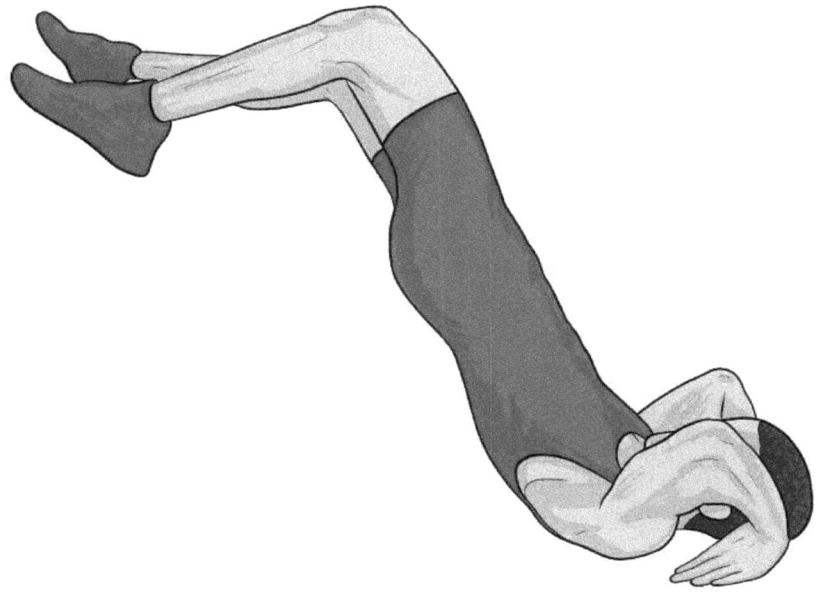

Un levantamiento con impulso puede ayudarle a levantarse rápidamente

El levantamiento con impulso es una técnica muy extendida en la lucha libre, y muchos luchadores la utilizan para levantarse rápidamente del suelo. Esta técnica consiste en balancear las piernas para tomar impulso y luego empujar el cuerpo hacia arriba para alcanzar los pies. Para realizar un levantamiento con impulso, debe empezar tumbado boca arriba con las rodillas flexionadas y los pies apoyados en el suelo. A continuación, balancee las piernas hacia el pecho para generar impulso y patéelas hacia arriba mientras empuja el cuerpo con los brazos. Para dominar el levantamiento con impulso, asegúrese de balancear las piernas con la potencia suficiente para generar el impulso necesario para levantarse. Además, debe levantar todo el cuerpo del suelo, no solo la parte superior.

Levantamiento con balanceo

El levantamiento con balanceo es otra famosa técnica que los luchadores utilizan para levantarse rápidamente del suelo. Esta técnica consiste en levantar los hombros del suelo para coger impulso y, a continuación, poner las rodillas debajo de usted para levantarse. Para realizar el balanceo, empiece tumbado boca arriba con las rodillas flexionadas, los pies apoyados en el suelo y los brazos a los lados. A continuación, balancee los hombros hacia delante para crear impulso y levante las rodillas empujando el suelo con los brazos. Para dominar el balanceo hacia arriba, mueva los hombros lo suficiente para generar impulso. Además, empuje desde el suelo con los brazos y mantenga el tronco contraído para controlar el movimiento del cuerpo.

Levantamiento con salto

El levantamiento con salto es una técnica menos común en la lucha libre, pero es una forma eficaz de levantarse rápidamente. Esta técnica consiste en saltar con las manos y los pies para alcanzar una posición de pie. Para realizar el salto, empiece tumbado boca arriba con las rodillas flexionadas, los pies apoyados en el suelo y los brazos a los lados. A continuación, empuje el suelo con los pies y las manos en un movimiento rápido, levante las rodillas y póngase de pie. Para dominar el levantamiento, empújese del suelo con mucha fuerza, haciendo el movimiento lo más fluido posible.

El arqueo de la espalda es una habilidad crucial en la lucha, y dominar las diferentes técnicas puede aportarle una ventaja en el tatami. El levantamiento con salto, el levantamiento con impulso y el levantamiento con balanceo son tres técnicas eficaces que los luchadores utilizan para levantarse rápidamente. Para dominar estas técnicas, es necesario practicar los fundamentos de cada una de ellas y centrarse en la forma. Recuerde que debe balancear las piernas con suficiente potencia, mantener el control del movimiento y tensar el tronco. Puede dominar estas técnicas y elevar su juego de lucha al siguiente nivel con la práctica dedicada.

Diferentes niveles de movimiento

Entender e implementar los diferentes niveles de movimiento es crucial para dominar la lucha libre. Esta sección discute los diferentes niveles de movimiento en la lucha, incluyendo alta, media y baja energía. Al final, entenderá mejor cómo incorporar estos niveles de movimiento en sus técnicas de lucha.

Energía alta

Los movimientos rápidos y explosivos caracterizan a la lucha de alta energía; este nivel de movimiento requiere mucha resistencia y fuerza. Los luchadores de alta energía se mueven y atacan constantemente, y rara vez dan a sus oponentes la oportunidad de recuperar el aliento; este estilo de lucha se adapta mejor a los atletas ágiles que pueden moverse con rapidez y facilidad. Para incorporar la lucha de alta energía a su técnica, concéntrese en iniciar movimientos rápidos y explosivos, como derribos e inversiones.

Energía intermedia

El nivel de energía intermedia es más lento que el nivel de energía alto, pero requiere una energía y un esfuerzo significativos. En la lucha de energía intermedia, los atletas se mueven constantemente, pero a un ritmo ligeramente más lento. Este nivel de movimiento se utiliza a menudo por razones estratégicas, como preparar un derribo o esperar el momento adecuado para golpear. Los buenos luchadores de energía intermedia pueden mantener un ritmo constante durante todo el combate, conservando energía para los asaltos posteriores.

Energía baja

La lucha de baja energía es el nivel de movimiento más lento y suele utilizarse para estrategias defensivas. Este nivel de movimiento requiere mucha paciencia y habilidad, ya que los luchadores deben moverse con destreza y evitar que los ataques de su oponente les pillen desprevenidos. Los deportistas controlan los movimientos de su oponente mientras esperan una oportunidad para golpear en la lucha de baja energía. Este nivel de movimiento es el más adecuado para los luchadores con grandes habilidades defensivas que pueden mantener la compostura incluso en situaciones de gran presión.

Los diferentes niveles de movimiento en la lucha son cruciales en cada combate. Al dominar los diferentes niveles de movimiento, los luchadores pueden gastar su energía estratégicamente, adelantarse a sus oponentes y, en última instancia, salir victoriosos. Tanto si su estilo de lucha es de energía alta, media o baja, comprender estos niveles de movimiento le ayudará a convertirse en un atleta más eficaz. Así que, la próxima vez que salte al tatami, recuerde incorporar estos niveles de movimiento a su técnica y verá cómo se dispara su rendimiento.

Puntos de enfoque esenciales

Los luchadores tienen que ser mental y físicamente duros para competir y tener éxito. Por lo tanto, dominar las técnicas y tácticas de la lucha requiere estrategia, práctica y disciplina. Para un luchador, el enfoque es fundamental y comienza con la comprensión de los puntos de enfoque esenciales. Esta sección analiza tres puntos de enfoque cruciales en la lucha: el centro de gravedad, el equilibrio y la conciencia kinestésica.

Centro de gravedad

Uno de los puntos de enfoque más importantes en la lucha es el centro de gravedad. Su centro de gravedad es el punto de su cuerpo, donde la distribución de su peso está igualmente equilibrada. Tener un centro de gravedad bajo es crítico en la lucha. Cuanto más bajo esté, más difícil le resultará a su oponente derribarle. Los luchadores deben mantener este centro de gravedad bajo para mantener el equilibrio y evitar que sus oponentes ganen ventaja. Por lo tanto, concéntrese en mantener las caderas bajas y pegadas a su oponente para mantener un centro de gravedad intenso.

Equilibrio

Equilibrar la distribución del peso es otro punto crucial en la lucha. Debe mantenerse equilibrado para ejecutar movimientos y defenderse de sus oponentes. Para ello se requiere fuerza central y asegurarse de que los pies están correctamente colocados. Si pierde el equilibrio, será mucho más fácil para su oponente ejecutar un movimiento contra usted. Los luchadores trabajan el equilibrio practicando movimientos que requieren desplazar el peso del cuerpo y mantener el control. El equilibrio le permite mantener el control durante la lucha.

Conciencia kinestésica

Por último, la conciencia kinestésica se refiere a ser consciente de la posición y el movimiento del cuerpo. Por ejemplo, es fundamental controlar la posición del cuerpo para ejecutar los movimientos necesarios para ganar los combates de lucha libre. Saber dónde se encuentra el cuerpo en relación con el oponente y la lona requiere un sentido especializado llamado conciencia kinestésica. Esta conciencia puede desarrollarse mediante la práctica rigurosa y mejorarse, trabajando rutinariamente en ejercicios y centrándose en los movimientos del oponente.

Al reconocer los puntos de enfoque esenciales en la lucha, como el centro de gravedad, el equilibrio y la conciencia kinestésica, los luchadores pueden posicionarse para convertirse en mejores competidores. Estos tres puntos de enfoque son esenciales no solo en la lucha, sino también en la vida diaria. Al igual que en la lucha, mantener un centro de gravedad bajo, una distribución equilibrada del peso y la conciencia del movimiento le permiten progresar y tener éxito en cualquier cosa que se proponga. Por tanto, concéntrese, practique y sea disciplinado en la medida de lo posible.

En este capítulo se han tratado la penetración, la elevación y otros movimientos habituales en la lucha libre. Saber cómo utilizar estos movimientos correctamente es esencial para tener éxito en el tatami, y dominarlos requiere concentración, práctica y disciplina. La conciencia de la posición del cuerpo y la distribución del peso son elementos cruciales a la hora de ejecutar los movimientos. Además, debe comprender los diferentes niveles de movimiento en la lucha, como la energía alta, media y baja. Al dominar estos niveles de movimiento, aumenta su movilidad y agilidad en el tatami, lo que en última instancia le ayuda a convertirse en un mejor luchador. Así pues, céntrese en lo esencial y vea cómo se dispara su rendimiento.

Capítulo 5: Cómo atacar y contraatacar

La lucha libre es un deporte que requiere habilidad y estrategia para salir victorioso. Los luchadores deben tener confianza en sus habilidades para atacar y contraatacar con eficacia y saber leer los movimientos de su oponente. Se trata de comprender sus puntos débiles y aprovechar las oportunidades. Ya se trate de un derribo, una inmovilización o una sumisión, todos los luchadores tienen movimientos preferidos en los que confían. Sin embargo, saber cómo contrarrestar estos movimientos es crucial para mantenerse a la cabeza del juego.

Con práctica y determinación, los luchadores pueden dominar el arte de atacar y contraatacar, convirtiéndose en una fuerza formidable sobre el tatami. En este capítulo se describen algunas de las técnicas de lucha más comunes para atacar y contraatacar, así como consejos para evitar errores y minimizar el daño corporal. Estas técnicas son significativamente ventajosas cuando se intenta ganar control sobre un oponente. Al final de este capítulo, comprenderá mejor los diferentes ataques y contraataques en la lucha libre.

Desbloqueando el poder de las llaves a la cabeza en lucha libre

Las llaves a la cabeza son un movimiento popular en la lucha libre

Las llaves de cabeza en la lucha libre son un movimiento popular conocido por su eficacia y facilidad de ejecución. Sin embargo, no todas las llaves de cabeza son iguales. Algunos son más eficaces que otros, y algunos pueden causar lesiones graves si no se realizan correctamente. En esta sección se analizan las diferentes llaves de cabeza, sus ventajas y las formas correctas de ejecutarlas. Además, se ofrecen consejos sobre los errores más comunes y sobre cómo evitar lesiones. Sumerjámonos en el mundo de las llaves de cabeza.

Preparación del movimiento

El primer paso para ejecutar una llave de cabeza con éxito es prepararla correctamente. Esto implica crear la posición correcta para realizar el movimiento. La posición para una llave de cabeza normalmente comienza con ambos luchadores de pie cara a cara. El luchador atacante coloca su brazo sobre la cabeza del oponente y se agarra a su muñeca o al brazo del oponente. El luchador debe mover su cuerpo cerca del oponente, con la cabeza apretada contra la cabeza o el cuello del oponente. Esto crea un agarre y una posición firmes para ejecutar el movimiento.

Ejecución del movimiento

Una vez que haya configurado el movimiento correctamente, es el momento de ejecutarlo. El luchador aprieta el brazo contra el cuello del oponente y gira el cuerpo hacia un lado para ejercer presión y mantener el control. Esto debe hacerse gradualmente sin tirar demasiado fuerte del oponente, ya que podría causar lesiones. El movimiento ejerce una presión inmensa en el cuello del oponente, dificultándole la respiración y la huida si se ejecuta correctamente.

Errores comunes

Un error común que cometen los luchadores cuando intentan hacer una llave de cabeza es tirar demasiado fuerte. Puede ser potencialmente peligroso, especialmente si el oponente no está preparado para el movimiento. Otro error común es no preparar el movimiento correctamente, lo que lleva a perder el control y a un intento fallido. Es esencial evitar ser demasiado predecible con este movimiento para que el adversario no pueda contrarrestarlo fácilmente.

Cómo evitar lesiones

Al igual que con cualquier movimiento de lucha, es vital prestar mucha atención al lenguaje corporal del oponente y realizar únicamente movimientos que se hayan practicado y con los que se esté cómodo. Si siente incomodidad o resistencia durante el movimiento, es crucial que suelte el agarre y vuelva a intentarlo más tarde. El estiramiento y el calentamiento son esenciales antes de intentar cualquier movimiento de lucha, incluidos los bloqueos de cabeza.

La llave de cabeza es un movimiento decisivo en la lucha libre que puede controlar eficazmente al oponente. Es esencial ejecutar este movimiento correctamente, prepararlo adecuadamente, tomárselo con calma una vez que se ha agarrado al oponente y evitar los errores comunes. Como en todos los movimientos de lucha, la seguridad es fundamental. Preste siempre atención al lenguaje corporal de su oponente y evite emplear demasiada fuerza. Con la práctica, usted también puede convertirse en un maestro de la llave de cabeza y una fuerza dominante en el tatami de lucha.

Domine el arte de ejecutar derribos

Los derribos son necesarios en los deportes de combate

Los derribos son una habilidad esencial en las artes marciales y los deportes de combate. Es un movimiento que puede cambiar instantáneamente el curso de una pelea y darle ventaja sobre sus oponentes. Sin embargo, ejecutar un derribo es más complejo de lo que parece. Requiere combinar técnica, sincronización y estrategia. Tanto si es un principiante como un luchador experimentado, esta sección le ayudará a dominar el arte de ejecutar derribos y evitar lesiones.

Preparación del movimiento

Antes de ejecutar un derribo, debe prepararlo adecuadamente. Un derribo se puede realizar de muchas formas, desde un clinch, un disparo o sorprendiendo al oponente con la guardia baja. Una forma popular de preparar un derribo es utilizar golpes falsos o fintas para atraer la atención del oponente y crear aperturas. Muchos luchadores experimentados utilizan esta técnica en posiciones de pie y en el suelo. Otras formas de preparar un derribo son el juego de pies, los ángulos o la creación de posiciones desbalanceadas para desequilibrar al oponente.

Ejecución del movimiento

Una vez preparado el derribo, es hora de ejecutarlo. Un derribo con éxito requiere sincronización, técnica y velocidad. Algunos derribos habituales son el derribo con doble pierna, el derribo con una sola pierna y el lanzamiento de cadera. Para ejecutar el derribo, debe asegurarse de que se encuentra en la posición adecuada y de que el peso de su oponente se desplaza en la dirección correcta. Los derribos pueden ajustarse sobre la marcha, por lo que es importante mantener las opciones abiertas mientras se ejecuta el movimiento.

Errores comunes

Al igual que otras técnicas, los derribos conllevan errores comunes que pueden perjudicar su rendimiento en el combate. Uno de los errores más frecuentes es no preparar el derribo correctamente, lo que puede provocar una contra o una sumisión. Apresurarse en el derribo o telegrafiar el movimiento puede dar a su oponente tiempo suficiente para defenderse y preparar su contraataque. Otros errores son comprometerse demasiado (en lugar de controlar el centro de gravedad del oponente) y no llevar a cabo el derribo.

Cómo evitar lesiones

Los derribos son potentes y conllevan un alto riesgo para usted y su oponente. Para evitar lesiones, en primer lugar, asegúrese de ejecutar un movimiento controlado. Evite emplear una fuerza o un impulso excesivos, que pueden causarle daños graves a usted o a su oponente. Además, lleva el equipo de protección adecuado, como un protector bucal y un casco. Por último, si no está seguro de cómo ejecutar correctamente un derribo o siente molestias, consulte a un entrenador o a un médico.

Dominar el arte de los derribos es una habilidad crucial para un aspirante a luchador. Puede mejorar significativamente sus posibilidades de ganar un combate si prepara el movimiento correctamente, lo ejecuta en el momento oportuno y con la técnica adecuada, y evita los errores comunes y las lesiones. Así que, tanto si es principiante como si ya tiene experiencia, recuerde estos consejos y siga practicando para perfeccionar su técnica de derribo.

Dominar las llaves de sumisión

Las llaves de sumisión son la forma más eficaz de dominar a su oponente

¿Alguna vez le ha asombrado lo técnicos y precisos que son algunos movimientos de la lucha libre profesional? Las llaves de sumisión son uno de ellos. Esta técnica es una de las formas más complejas y eficaces de dominar a su oponente y ganar un combate. Sin embargo, las llaves de sumisión pueden resultar intimidantes, especialmente para los principiantes. En esta sección se explican los fundamentos de las llaves de sumisión y se analizan los pasos necesarios para ejecutarlas a la perfección.

Preparación del movimiento

Antes que nada, recuerde que todas las presas de sumisión comienzan como resultado del control de la posición del cuerpo de su oponente. Debe poner a su oponente en una posición vulnerable para preparar una presa de sumisión. Así es como debe hacerlo: Debe crear aperturas siendo consciente de la postura de su oponente y buscando signos de debilidad. Cuando vea una oportunidad, aprovéchela y prepare sus movimientos. Si su oponente intenta contrarrestar o resistir el movimiento, mantenga la calma, pero sea firme. Mantenga la presión hasta que ejecute el movimiento. Preparar una llave de sumisión requiere habilidad, atención y movimientos cuidadosos.

Ejecución del movimiento

Después de preparar el movimiento, debe ejecutarlo con eficacia o perderá el combate. Practicar repetidamente las presas de sumisión es la mejor forma de ejecutar el movimiento a la perfección. Estos son algunos pasos para ejecutar una llave de sumisión: En primer lugar, debe acercarse a su oponente. Así tendrá un mejor agarre para sujetarlo. A continuación, bloquee su agarre y envuelva las partes del cuerpo de su oponente, como las piernas y los brazos, en su agarre. Algunas presas de sumisión requieren mantener un agarre firme durante unos instantes, así que tenga paciencia, concéntrese y mantenga siempre el agarre y el equilibrio. Por último, asegúrese de que su agarre es suficiente para obligar a su oponente a abandonar.

Errores comunes

Algunos luchadores cometen errores al ejecutar las llaves de sumisión, lo que les hace perder combates. Estos son algunos errores comunes en las presas de sumisión que puede corregir rápidamente:

- No ser lo suficientemente paciente para establecer la posición correcta para el movimiento puede llevar a contraataques.
- No agarrar con fuerza puede hacer que se pierda la llave y el combate.
- Perder la concentración en el control del cuerpo del oponente puede llevarle a escapar rápidamente de la presa.
- No mantener el equilibrio puede derribar al luchador y hacer que pierda el combate.

Cómo evitar lesiones

Las lesiones son habituales en la lucha libre. Sin embargo, puede reducir el riesgo de lesiones:

- Estirar siempre correctamente antes de entrenar
- Llevar equipo de protección durante los entrenamientos y los combates
- Conocer sus límites y no sobrepasar sus capacidades.
- Acudir inmediatamente al médico si se produce una lesión

Recuerde que la salud y el bienestar generales de un luchador son esenciales para ejecutar, ganar y disfrutar de este deporte.

Las llaves de sumisión son una forma excelente de mostrar las técnicas de lucha y ganar combates. Para preparar las llaves de sumisión, debe mantenerse alerta, buscar aperturas y permanecer concentrado. Ejecutar las llaves de sumisión requiere práctica, paciencia, equilibrio y concentración. Si evita los errores que suelen cometer los luchadores durante las llaves de sumisión, aumentará sus posibilidades de ganar. Por último, cuide siempre de su salud y bienestar y busque atención médica cuando sea necesario. Con estos consejos, podrá dominar las presas de sumisión y convertirse en un luchador de éxito.

Escapar hacia la victoria

Una de las habilidades más cruciales en la lucha libre es la capacidad de escapar. Cuando el oponente le agarra o le mueve, una escapada puede cambiar el curso del combate o impedir que el oponente marque. Esta técnica requiere fuerza, flexibilidad y rapidez mental. Esta sección le guiará para reconocer el movimiento de un oponente, ejecutar una escapada, evitar errores comunes y prevenir lesiones innecesarias.

Cómo reconocer el movimiento del adversario

El primer paso para ejecutar un escape es reconocer la presa o el movimiento que su oponente tiene sobre usted. Puede ser un reto, ya que varios movimientos en la lucha requieren diferentes escapes. Una forma excelente de identificar el movimiento es centrarse en la parte del cuerpo que su oponente utiliza para sujetarle o controlarle. Por ejemplo, si su oponente le sujeta por las piernas, intente utilizar varios escapes de piernas para liberarlas. Observar de cerca el movimiento de su oponente le ayudará a anticipar sus acciones posteriores, lo que le permitirá preparar su escape.

Ejecución del escape

Una vez que haya identificado el movimiento de su adversario, debe actuar con rapidez para escapar de él. Mantener la calma y la cabeza fría es vital en esta situación, ya que debe pensar con rapidez. Los escapes más comunes son las sentadillas, los cambios de posición y los levantamientos, que requieren fuerza, flexibilidad y técnica. Además, practicar estos movimientos de antemano aumenta sus posibilidades de ejecutar una escapada con éxito durante un combate.

Errores comunes

Uno de los errores más comunes que cometen los luchadores al intentar escapar es comprometerse solo parcialmente con el movimiento. Si se contiene o vacila, perderá la ventaja y permitirá que su oponente le domine. Otro error es confiar únicamente en la fuerza para escapar en lugar de en la técnica. El uso de la fuerza bruta funciona ocasionalmente, pero a menudo le cansará más rápidamente, dejándole vulnerable al siguiente movimiento de su adversario.

Cómo evitar lesiones

El riesgo de lesionarse es alto en la lucha libre. Practique las técnicas adecuadas, y caliente antes de los combates para evitar daños o lesiones. Cuando ejecute escapes, evite arquear la espalda o torcer el cuello, posturas que podrían predisponerle a lesionarse. Por último, es fundamental saber cuándo hay que abandonar. Aunque retirarse es un signo de debilidad, es prudente evitar daños innecesarios.

Escapar en la lucha libre no es simplemente una habilidad que le ayuda a sumar puntos, sino una técnica que impide que su oponente marque. Requiere paciencia, práctica y un sentido agudo de los movimientos del oponente. Sin embargo, una vez dominada, puede marcar la diferencia en un combate. Recuerde, manténgase concentrado, comprométase con el movimiento y dé prioridad a la seguridad.

Cómo dominar las reversiones en la lucha libre

Para dominar las reversiones, debe ser capaz de anticiparse a los movimientos de su oponente

Lucha libre es un deporte de combate muy técnico que implica músculo, velocidad, agilidad y pensamiento estratégico. Uno de los aspectos más importantes de la lucha libre es aprender a invertir el movimiento del oponente. Esta técnica es esencial para la defensa personal y puede suponer una ventaja significativa sobre el oponente. Esta sección explora el arte de las reversiones en la lucha libre, incluyendo el reconocimiento del movimiento del oponente, la ejecución de la reversión, los errores comunes y cómo evitar lesiones.

Cómo reconocer el movimiento del oponente

Antes de ejecutar una inversión de lucha con éxito, debe reconocer el movimiento de su oponente. Algunos movimientos estándar de los luchadores son el derribo con doble pierna, el derribo con una sola pierna o el derribo con la entrepierna alta. La clave para invertir el movimiento de su oponente es analizar la posición, la palanca y el impulso de su oponente. Aprenda las distintas técnicas de lucha, ejercicios y sparrings con luchadores experimentados.

Ejecución de la reversión

Una vez que reconozca el movimiento de su oponente, la sincronización de la ejecución de la inversión es esencial. Varias reversiones en la lucha incluyen sentarse y cambiar de reversión, la reversión giro de Granby, la reversión de la cadera-heist, y la reversión basada en whizzer. Para realizar una reversión, debe utilizar su fuerza, velocidad y agilidad para contrarrestar el impulso de su oponente. La sincronización y la precisión son cruciales para ejecutar una inversión con éxito. Se necesita práctica y entrenamiento para dominar el arte de los reveses, así que no se desanime si tiene dificultades al principio.

Errores comunes

Incluso los luchadores experimentados cometen errores con las reversiones. Uno de los errores más comunes es forzar la reversión antes del momento adecuado. Otro error es no continuar con la reversión, dejándole abierto a un contraataque. Además, los luchadores pueden emplear demasiada fuerza y lesionar a sus oponentes, lo que da lugar a la descalificación. Es esencial conocer las reglas y normas de la lucha libre para evitar sanciones o lesiones.

Cómo evitar lesiones

Por último, mantenerse seguro y evitar lesiones al ejecutar una reversión es esencial. Esto implica una técnica adecuada, entrenamiento de fuerza, nutrición y estrategias de prevención de lesiones. Antes de realizar un movimiento, estire y caliente los músculos para evitar torceduras y esguinces. Además, escuche siempre a su cuerpo y comuníquelo a su entrenador si siente dolor o molestias. La lucha es un deporte físicamente exigente, y cuidar de su cuerpo para rendir al máximo es crucial.

Los giros constituyen una de las técnicas esenciales en la lucha libre, y dominarlos puede darle una ventaja significativa sobre su oponente. Para ejecutar una inversión con éxito, debe reconocer el movimiento de su oponente, analizar su posición y apalancamiento, y moverse con precisión y sincronización. Evite errores comunes como forzar la inversión demasiado pronto o no seguirla. Por último, mantenga la seguridad y evite las lesiones siguiendo las técnicas de lucha adecuadas, el entrenamiento de fuerza y las estrategias de prevención de lesiones. Con práctica y dedicación puede dominar el tatami de lucha y convertirse en un oponente formidable.

Contrarrestar eficazmente el movimiento de su oponente

Debe ser capaz de contrarrestar rápidamente los movimientos de su oponente

Como luchador, su objetivo es inmovilizar a su oponente o conseguir más puntos que él. Sin embargo, solo puede alcanzar estos objetivos reaccionando rápidamente a los movimientos y contragolpes de su oponente. En esta sección se explica cómo reconocer el movimiento de su oponente, ejecutar el contraataque, los errores más comunes que debe evitar y las técnicas para prevenir lesiones.

Cómo reconocer el movimiento del adversario

La clave para contrarrestar el movimiento de su oponente es reconocerlo a tiempo. Por lo tanto, es crucial comprender bien los fundamentos de la lucha libre. Estudie atentamente los movimientos de su oponente durante el combate, observando su posicionamiento y sus movimientos. Preste atención a los cambios sutiles en su postura o posición corporal, ya que pueden indicar qué movimiento se está preparando para ejecutar. Algunos luchadores son conocidos por sus movimientos característicos, así que es mejor que vea vídeos de sus combates para familiarizarse con su estilo de lucha. Le ayudará a anticipar y contrarrestar sus movimientos y a prepararse para su técnica antes del partido.

Ejecución del contraataque

Ejecutar el contraataque requiere reflejos rápidos, sincronización precisa y técnica. Sus contramovimientos dependen de los movimientos, la posición y el estilo de lucha de su oponente. Un contramovimiento estándar es un "cambio", en el que se modifica rápidamente la posición para invertir el movimiento que acaba de ejecutar el adversario. Otra técnica es el "rodar hacia afuera", en el que se utiliza el impulso para salir del agarre del adversario y controlar el combate. Una vez que haya identificado el movimiento que intenta su oponente, ejecute el contragolpe inmediatamente. Es esencial tener confianza y decisión al ejecutar la contra, ya que la indecisión puede dar ventaja al oponente.

Errores comunes

Aunque contrarrestar el movimiento de un oponente puede ser emocionante y gratificante, también puede provocar lesiones si no se ejecuta correctamente. Los errores de los luchadores al contraatacar incluyen una mala sincronización, una técnica inadecuada y falta de concentración. Estos errores llevan a perder el control del combate y permiten al oponente sacar provecho del error. Para evitar cometer estos errores, debe mantenerse concentrado y paciente. Mantenga el control de la situación y no se deje llevar por el pánico, ya que puede precipitarse o cometer errores técnicos. En su lugar, tómese su tiempo para ejecutar la contra con la técnica y el ritmo adecuados.

Cómo evitar lesiones

Es esencial dar prioridad a la seguridad al ejecutar contragolpes. Muchas lesiones, como esguinces, fracturas y dislocaciones, se producen al contraatacar. Para evitarlas, hay que calentar antes del partido, utilizar la técnica adecuada y mantener el cuerpo ágil. Otro consejo importante es aumentar gradualmente la intensidad de la práctica para evitar sobrecargar y forzar los músculos. Si siente dolor o molestias musculares o articulares, pare inmediatamente y busque atención médica.

Para convertirse en un luchador de éxito, debe dominar el arte de atacar y contrarrestar los movimientos de su oponente. Esto incluye reconocer el movimiento de su oponente, ejecutar la estrategia correctamente, evitar errores comunes y priorizar la seguridad. En este capítulo se han tratado consejos y técnicas que le ayudarán a desarrollar sus habilidades como luchador. Recuerde, la práctica hace al maestro, así que siga practicando y mejorando sus habilidades hasta que alcance sus objetivos.

Capítulo 6: Técnicas de inversión

Como luchador, no hay nada más satisfactorio que caer en una situación complicada y ejecutar una inversión perfecta. Puede transformar lo que parecía una derrota segura en un triunfo glorioso con las técnicas adecuadas. Los movimientos de inversión adoptan diferentes formas, desde utilizar el impulso de su oponente en su contra hasta emplear su fuerza para volcar la situación a su favor. Sea cual sea la táctica, la clave es confiar en su capacidad para llevarla a cabo.

Crear un arsenal de técnicas de inversión es esencial para convertirse en una fuerza a tener en cuenta en el tatami. Así que prepare sus habilidades de lucha y domine a sus oponentes. Este capítulo explora las maniobras de inversión, desde las técnicas básicas de cambio hasta los contraataques ofensivos más avanzados. Se exploran estrategias para analizar a su oponente y ganar ventaja.

Maniobras de cambio

La lucha libre consiste en dominar al oponente y ser ágil y rápido en los movimientos. Un factor crítico en la lucha es cambiar a una posición favorable cuando el oponente le ha pillado en una posición peligrosa. Las maniobras de cambio ayudan a los luchadores a librarse de agarres y bloqueos y a hacerse con el control del combate. Esta sección explora los diferentes cambios y sus aplicaciones.

¿Qué es el cambio?

En la lucha libre, cambiar la posición del cuerpo para pasar de un agarre o movimiento a otro. Permite a los luchadores liberarse del agarre de sus oponentes y ganar control. También puede utilizarse para contraatacar o ejecutar un movimiento. Uno de los cambios más comunes en la lucha es el de "sentarse". El movimiento requiere que el luchador se siente sobre sus caderas mientras tira de su oponente hacia él y desplaza su peso. El cambiador se desplaza y toma el control desde atrás mientras el oponente avanza.

Reversión de bloqueos corporales

El bloqueo corporal es una maniobra habitual en la que el oponente rodea con sus brazos la cintura y los hombros del luchador, dificultándole el movimiento. Los luchadores pueden utilizar el cambio de «atraco de cadera» para escapar de este agarre. En esta maniobra, el luchador deja caer sus caderas al suelo mientras tira del oponente hacia él. Cuando el oponente cae hacia delante, el luchador desplaza su peso y gana una posición favorable para atacar. El cambio de cadera también puede utilizarse para contraatacar.

Reversión de agarres con rompe espaldas

El cambio de posición te ayuda a ganar ventaja

La llave rompecráneos es un movimiento doloroso que ejerce presión sobre la columna vertebral y el cuello del luchador. Sin embargo, los luchadores pueden utilizar el cambio "enredadera" para escapar de esta llave. En esta maniobra, el luchador rodea con la pierna la pierna del oponente y gira el cuerpo, ejerciendo presión sobre la rodilla y el tobillo del oponente. Es una maniobra eficaz para escapar de la llave rompe espaldas y tomar el control del combate.

Reversión de llaves de estrangulamiento

Un cambio de llave de cabeza puede ayudarle a ganar el control

La llave de estrangulamiento es una maniobra peligrosa que restringe el flujo de aire a los pulmones y al cerebro del luchador. Los luchadores pueden utilizar el cambio de "llave de cabeza" para escapar de esta llave. En esta maniobra, el luchador rodea el cuello del oponente con el brazo, bajando su peso. Como resultado, el agarre del oponente se afloja, lo que permite al luchador cambiar su peso y ganar control. El cambio de llave de cabeza es una maniobra eficaz para escapar de las llaves de estrangulamiento y tomar el control del combate.

Reversión de una llave

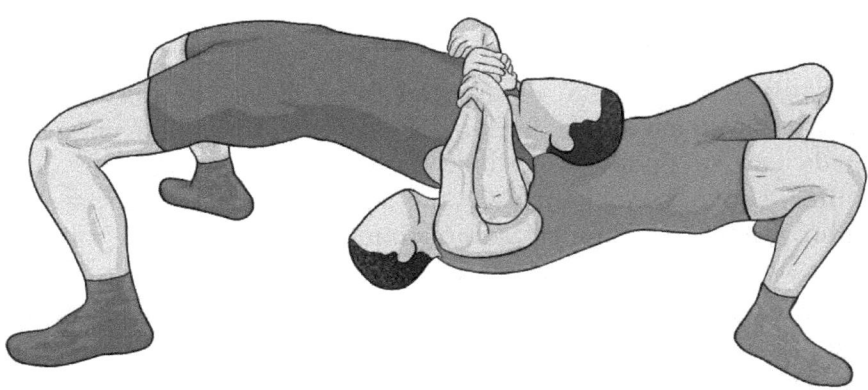

Un cambio de puente le ayudará a revertir una llave

La llave de inmovilización se produce cuando el oponente intenta atrapar los hombros del luchador en el tatami durante una cuenta de tres. Los luchadores pueden utilizar el "puente" para escapar de esta llave. En esta maniobra, el luchador cambia el peso sobre sus pies y voltea su cuerpo sobre los hombros, levantando el peso de su oponente. El luchador cambia el peso a sus pies y gana una posición favorable para atacar. El cambio de puente es una forma eficaz de escapar de las presas y tomar el control del combate.

Las maniobras de cambio son un aspecto fundamental de la lucha libre. Pueden cambiar el resultado de un combate y dar ventaja al luchador. Comprender los diferentes cambios y sus aplicaciones ayuda a los luchadores a mejorar sus habilidades y su técnica.

Maniobras de transición

Los luchadores siempre buscan formas de ser más astutos que sus oponentes en un combate. La capacidad de pasar sin problemas de un movimiento a otro es crucial para que un luchador obtenga ventaja sobre su oponente. Los movimientos de transición son como un puente entre diferentes técnicas de lucha que, cuando se ejecutan correctamente, pueden marcar una diferencia significativa en el resultado de un combate.

En esta sección se analizan tres maniobras de transición que le convertirán en un mejor luchador. Estas maniobras incluyen la reversión a puente, el escape a través de rodamiento y la reversión por impulso. Cada movimiento requiere precisión y sincronización, pero puede ser dominado con práctica enfocada.

Reversión a puente

La reversión a puente es un gran movimiento de transición para contrarrestar un intento de derribo del oponente. Colóquese en posición sentada con su oponente encima de usted e inmovilice uno de sus hombros contra la colchoneta. Desde aquí, empuje hacia arriba con el hombro que no está inmovilizado mientras arquea la espalda para hacer rodar a su oponente sobre su cuerpo y sobre su espalda.

Una vez que su oponente esté sobre la colchoneta, puede levantarse y atacar. La sincronización es crucial para ejecutar este movimiento con éxito. Debe iniciar el movimiento tan pronto como sienta que el agarre de su oponente se afloja, aunque sea un poco. Le ayudará a mover la cabeza hacia el hombro desprendido para tener más influencia.

Escape por rodamiento

Un escape mediante rodamiento le ayudará a escapar de un control lateral

El escape a través de rodamiento es otro tremendo movimiento de transición que le ayudará a escapar del control lateral de su oponente. Cree espacio entre usted y su oponente. A continuación, colóquese de lado, de espaldas al pecho de su oponente, y tiré de la rodilla hacia el pecho mientras lleva la mano contraria hacia el tobillo. Utilice este impulso para girar sobre su espalda y deslizar la rodilla hacia su oponente.

Una vez que esté en una posición más favorable, puede atacar. La clave de este movimiento es aprovechar el impulso y permanecer relajado. El giro debe ser suave y fluido, casi como un baile. Es esencial mantener los movimientos fluidos y controlados para no dar al oponente la oportunidad de sacar provecho.

Reversión por impulso

El impulso para revertir es un gran movimiento de transición para contrarrestar el ataque de un oponente. Colóquese en posición defensiva y espere el ataque de su adversario. Cuando se acerque a usted, utilice su impulso en su contra, esquivándolo y tirando de él hacia delante, haciéndole perder el equilibrio. A continuación, utilice su impulso para invertir la posición y atacar. Este movimiento requiere una sincronización y un conocimiento excelentes. Es crucial saber cuándo su oponente está decidido a atacar y tener los reflejos necesarios para reaccionar con rapidez. Manténgase agachado y relajado y utilicé la fuerza de su oponente en su contra para ganar ventaja.

Las maniobras de transición son un aspecto esencial de la lucha, ya que le proporcionan una ventaja estratégica sobre su oponente. Los tres movimientos analizados en esta sección, la reversión a puente, el escape a través de rodamiento y la reversión por impulso, son maniobras de transición efectivas que le ayudarán a convertirse en un mejor luchador.

Maniobras ofensivas

Tanto si es principiante como si es un luchador experimentado, aprender maniobras ofensivas puede darle la ventaja para dominar a sus oponentes, esta sección discute tres maniobras ofensivas efectivas que los luchadores utilizan para ganar ventaja en los combates. Estas maniobras incluyen el uso del impulso del oponente en su contra, la realización de barridas inversas y derribos, y la ejecución de contragolpes inversos.

Utilizar el impulso del oponente en su contra

La primera maniobra ofensiva consiste en utilizar el impulso del adversario en su contra. Esta técnica requiere prestar mucha atención a los movimientos del adversario y anticiparse a su siguiente movimiento. El objetivo es utilizar la energía del adversario a su favor, redirigiéndola y derribándolo. Por ejemplo, si el adversario se lanza hacia delante, hágase a un lado, agárrele del brazo y aproveche su impulso para lanzarle por encima del hombro. Este movimiento se denomina lanzamiento de cadera.

Otro movimiento que utiliza esta técnica es el arrastre de brazo. Agarre el brazo de su oponente y tire de él hacia usted. A continuación, mientras avanza, usted se aparta y aprovecha su impulso para girar su cuerpo y derribarlo.

Barridos y golpes de reversión

La segunda maniobra ofensiva es el barrido de reversión y el golpe. Esta técnica contrarresta el intento de derribo de su oponente mediante una rápida transición hacia su derribo. Por ejemplo, si su oponente intenta derribarlo con una sola pierna, usted puede cambiar rápidamente su peso y utilizar un lanzamiento de cadera para derribarlo. Este movimiento requiere mucha velocidad y equilibrio, pero puede ser devastador si se ejecuta correctamente. Otro movimiento que utiliza esta técnica es el derribo por arrastre de brazo. En este movimiento, agarra el brazo de su oponente y utiliza su impulso para tirarlo al suelo.

Contraataque

La tercera maniobra ofensiva es el contraataque de reversión. Este movimiento requiere anticiparse al intento de derribo del oponente y utilizarlo en su contra. Por ejemplo, si su oponente intenta derribarlo con una doble pierna, arrástrese y aproveche su impulso para derribarlo. Este movimiento se denomina contraataque, uno de los más eficaces de la lucha libre. Otro movimiento que utiliza esta técnica es el cambio. Empiece de espaldas y utilicé su pierna para atrapar a su oponente en este movimiento. A continuación, cuando avance, gire rápidamente y derríbelo.

Las maniobras ofensivas son esenciales en la lucha libre. Utilizar el impulso del oponente en su contra, realizar barridos y derribos de reversión y ejecutar contraataques de reversión son tres formas eficaces de dominar este deporte. La clave para dominar estas maniobras es practicarlas con regularidad y prestar mucha atención a los movimientos del oponente. Si incorpora estas técnicas ofensivas a su arsenal de lucha, estará en el buen camino para convertirse en un luchador dominante.

Estrategias de reversión

La lucha libre, el deporte más antiguo del mundo, es algo más que una competición de fuerza física. Es un juego de inteligencia y estrategia en el que los mejores luchadores siempre están atentos a los movimientos de su oponente. En medio de un combate, es esencial mantener la calma y la paciencia, tanto si se está arriba como abajo. Las reversiones pueden hacer que pases de ser el desvalido a convertirte en ganador en un abrir y cerrar de ojos. Si desarrolla estrategias de reversión sólidas, podrá hacerse rápidamente con el control y dejar a su oponente confundido y estresado. Esta sección explora el arte de las reversiones en la lucha libre y tres técnicas esenciales para dominarlas.

Dominio de los fundamentos

El primer paso para dominar el arte de la reversión es aprender lo básico. Una sólida comprensión de los movimientos y técnicas fundamentales, como el levantamiento de cadera, el giro de Granby, el cambio y el sentarse y girar, son las piedras angulares para desarrollar una estrategia de reversión eficaz. Practique estos fundamentos en una colchoneta todos los días. Las reversiones requieren una reacción y un tiempo rápidos como el rayo, y si se asegura de que estos movimientos se conviertan en algo natural, tendrá una ventaja ganadora. Además, es esencial trabajar la fuerza de agarre. Un agarre firme le ayudará a controlar al oponente durante todo el combate.

Desarrollar contraataques

Un contraataque es un movimiento ofensivo para desviar y redirigir la agresión o el ataque del adversario. Desarrollar estos contraataques es muy eficaz durante un combate de lucha libre. Primero, familiarícese con los movimientos de su oponente, anticipe sus próximos pasos y prepare su contraataque. Los contraataques, como los giros Peterson y Granby, son ejemplos de movimientos de contraataque eficaces que deben aprenderse.

Trabaje la sincronización y la ejecución

La sincronización es vital en la lucha. Lo mismo ocurre con las estrategias de reversión. El luchador que puede cambiar rápidamente de defensa a ataque es el que probablemente ganará. A la hora de realizar una reversión, es esencial contar con una sincronización y una ejecución excelentes. Sea paciente, anticipe los movimientos de su oponente y seleccione la estrategia de reversión más eficaz en el momento adecuado. Recuerde, el momento oportuno lo es todo.

Desarrollar la fortaleza mental

Los buenos luchadores poseen una fortaleza mental excepcional, no se dejan afectar por los movimientos de su oponente. Por el contrario, los utilizan en su propio beneficio. Como resultado, están tranquilos y serenos, incluso bajo presión, y pueden decidir rápidamente durante los combates. Para desarrollar la fortaleza mental, hay que seguir practicando y ganar confianza. Participar en torneos de lucha y enfrentarse a rivales duros es una forma estupenda de adquirir experiencia y desarrollar la fortaleza mental.

Analizar al oponente

La lucha exige una evaluación del adversario antes de realizar un movimiento. Los luchadores deben aprovechar sus puntos fuertes y explotar los débiles de su oponente para obtener ventaja. Por lo tanto, lo mejor es aprender los movimientos, los tiempos y las tendencias del oponente para planificar correctamente los movimientos. Analizar al oponente es fundamental para ganar en la lucha libre. En esta sección se explican algunos consejos esenciales que le ayudarán a triunfar en el tatami.

Identificar los puntos débiles

El primer paso para analizar con éxito a su oponente es identificar sus puntos débiles. Cada luchador tiene sus puntos fuertes y débiles, incluidos sus oponentes. Observe cómo se mueve, su tipo de cuerpo, posición y estilo. Podrá saber si tiene problemas con los derribos, los escapes o los bloqueos. Conocer sus puntos débiles le ayudará a planificar maniobras estratégicas dirigidas a esas vulnerabilidades. A continuación, elabore su plan de juego basándose en los puntos débiles de su oponente y trate de ser más astuto que él.

En busca de oportunidades

Cuando identifique los puntos débiles de su oponente, busque oportunidades para aplicar sus puntos fuertes. Observe a su oponente durante el calentamiento o al comienzo del partido. Estudie su juego de pies y sus tiempos para predecir sus movimientos y planear contragolpes. Comprenda que las oportunidades surgen en cualquier momento del encuentro, así que esté alerta y preparado para ajustar su plan de juego.

Utilizar tácticas de defensa

Aprender a defenderse de los ataques del oponente es esencial. Protegerse es tan importante como ejecutar derribos. Estudie la técnica de su oponente y aprenda a identificar cuándo es usted vulnerable. Es probable que su oponente se aproveche de las debilidades observadas, así que practique contrarrestando sus ataques y manteniéndose a la ofensiva.

Reunir resistencia

La resistencia es esencial para los luchadores que esperan ganar. Su capacidad para rendir al máximo durante todo el partido depende en gran medida de su forma física. La falta de resistencia y fuerza arruinará casi de inmediato sus posibilidades de ganar. Por lo tanto, mantenga sus entrenamientos y rutinas de entrenamiento para mantener su energía y concentración durante todo el partido.

Las inversiones son esenciales para el plan de juego de un luchador; para dominarlas se requiere una estrategia integral. Sin embargo, con práctica, una base sólida, el desarrollo de contraataques y un gran sentido de la sincronización y la ejecución, podrá burlar a su oponente rápidamente. Perfeccione sus movimientos fundamentales, estudie los movimientos de su adversario, familiarícese con sus técnicas de contraataque y desarrolle su fortaleza física y mental. Recuerde que cada segundo de un combate es una oportunidad; con la estrategia adecuada, puede salir vencedor.

Capítulo 7: Técnicas de escape

No hay nada como la emocionante intensidad de un combate de lucha libre. Cuando se encuentra atrapado en un forcejeo con su oponente, lo único que tiene en mente es encontrar una salida. De ahí la importancia de las técnicas de escape. Estos movimientos le permiten liberarse del agarre de su oponente y ganar ventaja. Como luchador, dominar las técnicas de escape es esencial para salir victorioso. Los mejores luchadores pueden volver en su contra el ímpetu de su oponente, utilizando el peso de su cuerpo y el efecto palanca para ganar ventaja. Pero no se trata solo de fuerza bruta. Se trata de estrategia, instintos y reflejos rápidos.

Con las técnicas de escape adecuadas, cualquiera puede dar la vuelta a la tortilla y hacerse con la victoria. Este capítulo aborda varias técnicas de escape y cómo utilizarlas con eficacia. Se exploran técnicas de defensa y consejos para aumentar la eficacia de la huida. Así que, si está listo para mejorar su lucha, empiece a dominar las escapadas y demuestre a sus oponentes quién manda.

Escapes en la posición superior

La lucha libre requiere destreza física, fortaleza mental y una buena comprensión de las técnicas. Tanto si es principiante como si es un luchador avanzado, dominar las distintas técnicas de escape para escapar de una situación difícil es crucial. Por ejemplo, si su oponente le atrapa en una posición superior mediante un derribo o una combinación de inmovilización. En esta sección se analizan los escapes en la posición superior para recuperar el control del combate.

Escape de agarre por encima

Los ganchos pueden ser difíciles de esquivar[6]

Cuando un oponente utiliza un gancho, puede ser difícil escapar. La mejor manera de escapar de un gancho es utilizar la técnica "control de muñeca con agarre por encima". En primer lugar, pase el brazo por debajo del de su oponente y agárrele la muñeca, lo que le proporcionará una mejor palanca y control. Utilice el otro brazo para presionar su hombro y girarlo hacia la colchoneta. A continuación, deslice su cuerpo y colóquese en una posición neutra. Esta técnica le ayuda a liberarse del gancho de su oponente y volver al juego.

Escape por debajo del gancho

Las llaves de cabeza pueden desembocar rápidamente en un bloqueo

Si su oponente tiene un gancho bajo, puede utilizar algunas técnicas para escapar. Una de las más efectivas es el *whizzer*. Primero, agarre la muñeca de su oponente con una mano y su tríceps con la otra. Ahora, empuje su brazo hacia arriba y hacia fuera mientras gire su cuerpo alejándose de él, creando suficiente espacio para que usted pueda escapar y ganar control de su posición. Siga practicando esta técnica hasta que pueda realizarla sin esfuerzo durante un combate.

Escape de la llave de cabeza

Las llaves de cabeza pueden desembocar rápidamente a una inmovilización

Una llave de cabeza es una posición peligrosa que puede conducir rápidamente a una inmovilización. Si le hacen una llave de cabeza, no se asuste. Utilice la técnica del "cambio de posición" para escapar. Agarre el codo de su oponente con una mano y la muñeca opuesta con la otra. Ahora, ruede hacia su brazo atrapado y utilice las piernas para crear espacio. Una vez fuera de la llave, vuelva a ponerse de pie y utilice sus técnicas para tomar el control del combate. Con suficiente práctica, la técnica del cambio de posición se convertirá en algo natural.

Escape del abrazo del oso

Los abrazos de oso pueden ser mortales si no escapa

Un abrazo del oso puede ser mortal si no sabe cómo escapar de él. Para escapar del abrazo del oso, primero rodee la cintura de su oponente con los brazos lo más fuerte posible, impidiendo que le agarre con más fuerza. Ahora, deje caer su peso y utilice las piernas para levantar a su oponente de la colchoneta. Gire el cuerpo al caer, creando espacio suficiente para liberarse del abrazo del oso. Una vez libre, aproveche la vulnerabilidad de su oponente para recuperar el control del combate.

Escape de agarre de cintura

Puede resultar difícil escapar de un agarre de cintura, pero no es imposible. Puede utilizar la técnica de "giro de Granby" para liberarse. Meta la cabeza y gire el cuerpo hacia el lado del bloqueo de cintura. Mientras lo hace, agarre los tobillos de su oponente y tire de ellos hacia usted. De este modo, se abrirá el agarre de su cintura, lo que le permitirá alejarse y recuperar el control. Una vez libre, utilice sus técnicas para tomar las riendas del combate.

Quedar atrapado en una posición superior puede ser desalentador, pero con estas eficaces técnicas de escape es fácil recuperar el control del combate. Dominar estos escapes de la posición superior requiere práctica, pero pueden convertirse en algo natural con trabajo duro y dedicación. Saber cómo escapar de los agarres de su oponente puede cambiar las tornas de un combate de lucha a su favor. Con estos escapes de la posición superior en su arsenal, estará bien equipado para manejar incluso a los oponentes más formidables.

Escapes en posición inferior

La lucha libre es un deporte exigente y físico que requiere un alto nivel de destreza para dominar al adversario. Es una combinación de técnica, fuerza y resistencia que requiere un entrenamiento constante. La posición inferior es una de las más difíciles en la lucha libre y es difícil escapar de ella. En esta sección se describen los métodos eficaces que los luchadores pueden utilizar para escapar de esta posición.

El giro de Granby

El giro de Granby puede ser eficaz para escapar de la posición inferior

El giro de Granby es una de las técnicas más eficaces para escapar de la posición inferior. Se requiere velocidad, flexibilidad y coordinación. El giro Granby comienza cuando el luchador en la posición inferior inicia un giro mientras mantiene el peso de su oponente fuera de él. Los luchadores deben usar sus manos para mantener el peso alejado mientras hacen el puente y ruedan en la dirección opuesta. Una vez completado el giro, el luchador debe distanciarse de su oponente. El giro Granby es un escape efectivo que ayuda a los luchadores a pasar de la posición inferior a una posición neutral.

Escape de cambio de base

Los luchadores pueden utilizar la técnica de cambio de base como otra forma eficaz de escapar del control del oponente en la posición inferior. El luchador crea un espacio entre él y su oponente. El luchador en la posición inferior debe utilizar la parte inferior de su cuerpo para empujar los brazos de su oponente y crear una abertura. Una vez que el luchador cree este espacio, debe utilizar sus brazos para cambiar su base y volver a ponerse de pie. Este escape es efectivo porque permite al luchador en la posición inferior salir de debajo de su oponente más rápidamente.

Escape de levantamiento de cadera

El escape de levantamiento de cadera es otra forma práctica de escapar de la posición inferior que utilizan los luchadores para escapar del control de su oponente. El luchador utiliza sus caderas para crear espacio entre él y su oponente. El luchador en la posición inferior apoya las manos en la colchoneta y levanta las caderas. A continuación, el luchador debe desplazar su peso hacia un lado mientras patea la pierna opuesta hacia atrás para crear espacio para escapar. El levantamiento de cadera es un escape eficaz que ayuda a los luchadores a pasar rápidamente de la posición inferior a una posición neutral.

Escape de lazo de piernas

El lazado de piernas es otra posición inferior de escape que los luchadores pueden utilizar para escapar del control de su oponente. El luchador crea un espacio entre él y su oponente uniendo o atando sus piernas. El luchador de abajo pone las manos en la colchoneta y ata las piernas. El luchador levanta las caderas para crear espacio entre él y su oponente. Una vez que el luchador ha creado el espacio, puede utilizar sus brazos para cambiar su base y volver a ponerse de pie. El lazo de piernas es otro escape eficaz que ayuda a los luchadores a pasar rápidamente de la posición inferior a una posición neutral.

Escape de puente

El puente es el último escape de la posición inferior que los luchadores pueden utilizar para escapar del control de su oponente. El luchador crea espacio entre él y su oponente haciendo un puente en la dirección opuesta. El luchador apoya las manos en la colchoneta y arquea la espalda para levantar las caderas. A continuación, el luchador utiliza las manos y los pies para alejarse de su oponente. Una vez que el luchador ha creado el espacio, debe utilizar los brazos para cambiar su base y volver a ponerse de pie. El puente es otra forma eficaz de escapar que ayuda a los luchadores a pasar rápidamente de la posición inferior a una posición neutra.

Escapar de la posición inferior es todo un reto y requiere habilidad y entrenamiento. El giro de Granby, el cambio de base y el levantamiento de cadera son tres formas efectivas de escapar de la posición inferior que los luchadores pueden utilizar para pasar de la posición inferior a una posición neutra. Estos movimientos requieren velocidad, flexibilidad y coordinación. Sin embargo, ayudan a los luchadores a escapar del control de su oponente y volver a ponerse de pie. Perfeccionar estos escapes requiere tiempo y práctica, pero una vez dominados son herramientas prácticas para que los luchadores ganen un combate.

Técnicas de defensas

La lucha es un deporte que requiere habilidades ofensivas y defensivas. Aunque muchos luchadores son excelentes atacando a sus oponentes, la lucha libre también consiste en defenderse del ataque del oponente. Esta sección trata de las técnicas de defensa más utilizadas en la lucha libre. Estas técnicas incluyen la defensa de la tortuga, la ruptura de movimiento inverso y el contraataque whizzer. Comprender y dominar estas técnicas es crucial para cualquier luchador que quiera destacar en este deporte.

Defensa de la tortuga

La defensa de la tortuga dificulta el ataque de los oponentes

La defensa de la tortuga es una técnica defensiva que los luchadores utilizan cuando su oponente está a punto de atacarles con un derribo. Para ejecutar esta técnica, el luchador se arrodilla y coloca las manos sobre la colchoneta, formando una posición similar a la de una tortuga. Esta posición dificulta que el oponente ataque con un derribo, ya que el luchador está bajo en el suelo, y su cabeza está protegida. La defensa de la tortuga es una técnica simple, pero eficaz que podría salvar a un luchador de ser derribado por su oponente.

Derribo con movimiento inverso

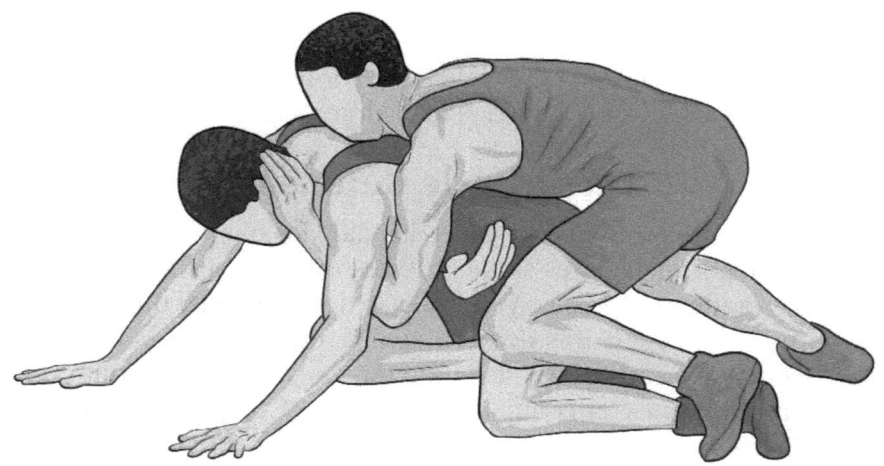

El derribo con movimiento inverso impide que el oponente gane puntos

El derribo con movimiento inverso es una técnica de defensa utilizada por los luchadores cuando su oponente los controla en el suelo. Cuando el luchador siente que su oponente ha asegurado el control, puede utilizar el movimiento inverso para revertir la situación. Para ejecutar este movimiento, el luchador gira rápidamente sobre su estómago y vuelve sobre su espalda, llevándose a su oponente con él. Esto permite al luchador volver a la posición neutral y evitar que su oponente consiga puntos.

Contraataque whizzer

El contraataque whizzer es una técnica de defensa que utilizan los luchadores cuando su oponente intenta derribarlo con una sola pierna. Para ejecutar el contraataque whizzer, el luchador utiliza su brazo para empujar la cabeza de su oponente hacia abajo y, al mismo tiempo, utiliza el brazo opuesto para rodear el cuerpo de su oponente y agarrar el codo. Este movimiento permite al luchador zafarse del agarre de su oponente y hacerse con el control de la situación. El contraataque whizzer es una técnica eficaz para defenderse de un derribo con una sola pierna.

Es esencial tener excelentes habilidades de defensa para convertirse en un luchador de éxito. La defensa de la tortuga, la interrupción del movimiento inverso y el contraataque whizzer son algunas de las técnicas para defenderse de los ataques del oponente. Si domina estas técnicas y las añade a su arsenal, aumentará significativamente sus posibilidades de protegerse de los ataques y conseguir puntos. Recuerde, la lucha libre requiere habilidades ofensivas y defensivas, y un luchador completo destaca en ambas áreas.

Cómo aumentar la eficacia en la huida

La lucha libre es un deporte intenso y exigente, lleno de retos físicos y mentales. Una de las habilidades más importantes de la lucha libre es la evasión, es decir, la capacidad de escapar de su oponente o evitar ser inmovilizado. Desarrollar las habilidades de escape puede marcar la diferencia entre ganar o perder un combate. Esta sección explora las tres áreas principales para aumentar la eficacia de la escapada en la lucha libre: Ejercicios y repeticiones, mecánica corporal adecuada y reconocimiento de las oportunidades de escapada.

Ejercicios y repeticiones

Centrarse en el entrenamiento y la repetición es la primera clave para mejorar la eficacia de la fuga en la lucha libre. Escapar es una habilidad que debe aprenderse y practicarse. Los entrenadores deben hacer que los luchadores trabajen el escape en cada entrenamiento, utilizando diversas técnicas y escenarios. Los luchadores también deben practicar de forma independiente, dedicando tiempo a practicar técnicas específicas hasta que se conviertan en algo natural. Cuanto más practique una técnica de escape concreta, más cómodo y seguro se sentirá al utilizarla durante un combate.

Mecánica corporal adecuada

Centrarse en una mecánica corporal adecuada es la segunda clave para mejorar la eficacia de la evasión. Escapar es un movimiento complejo en el que se utiliza todo el cuerpo. Debe utilizar sus caderas, rodillas y hombros en un esfuerzo coordinado para maniobrar su cuerpo y escapar de su oponente. Además, debe desarrollar un núcleo fuerte y fuerza en las piernas para que escapar sea más fácil y eficiente. Una mecánica corporal adecuada incluye mantener una buena postura y equilibrio para evitar quedarse atascado e incapaz de moverse.

Reconocer las oportunidades de escape

La tercera clave para mejorar su eficacia en la huida es reconocer las oportunidades de escapar. Cada combate es diferente, por lo que debe identificar el momento adecuado para moverse. Esto requiere inteligencia en la lucha, saber leer al oponente y anticiparse a su siguiente movimiento. Lo mejor sería centrarse en desarrollar un conjunto de movimientos de escape y, al mismo tiempo, ser lo suficientemente flexible como para adaptarse al estilo del oponente. Sea paciente y esté atento al momento adecuado para realizar su movimiento.

Además de centrarse en estas tres áreas, aquí tiene otros consejos para mejorar la eficacia de su escapada. En primer lugar, debe mantener su forma física para mantenerse fuerte y ágil durante todo el partido. Lo mejor sería practicar técnicas de visualización que le ayuden a prepararse mentalmente para las situaciones de escape. Por último, no deje que su ego se interponga en el camino de la mejora de sus habilidades de escape. Debe estar dispuesto a aprender nuevas técnicas de entrenadores, compañeros de equipo y oponentes.

Escapar es una habilidad fundamental en la lucha, y mejorar su eficacia en el escape puede marcar la diferencia. Por lo tanto, debe centrarse en la práctica y la repetición, la mecánica corporal adecuada y el reconocimiento de las oportunidades de escape. Practicando estas tres áreas e incorporando consejos adicionales, se convertirá en un mejor luchador y en un competidor más exitoso. Recuerde, cada combate ofrece un nuevo reto, y al mejorar sus habilidades de escape, estará mejor equipado para afrontar lo que se le presente.

Capítulo 8: Combinaciones de inmovilización

La lucha es un arte en el que la fuerza, la técnica y la estrategia convergen para crear combinaciones de inmovilización. Como luchador, debe entender claramente cómo derribar a su oponente, controlarlo y, en última instancia, inmovilizarlo en la lona. Dominar el arte de la lucha, especialmente las combinaciones de inmovilización, requiere práctica, disciplina y una actitud intrépida. Pero una vez que lo ha aprendido, no hay nada más estimulante que sentir cómo su oponente cede y se rinde ante su hábil inmovilización.

Las combinaciones de llaves le ayudarán a convertirse en un mejor luchador [7]

Así que, vamos a coger nuestro equipo de lucha, golpear la colchoneta y perfeccionar las combinaciones de inmovilización hasta que sean tan naturales como respirar. Este capítulo explica los fundamentos de la combinación de movimientos para convertirse en un luchador experto y cómo crear combinaciones de inmovilización efectivas. Incluye movimientos para optimizar las combinaciones, estrategias para hacerlas efectivas, combos para principiantes y técnicas avanzadas.

Movimientos para optimizar las combinaciones

Una de las claves del éxito en la lucha libre es combinar varios movimientos para derribar a su oponente sin problemas y con eficacia. La combinación de varias técnicas permite a los luchadores ganar ventaja en un combate y, en última instancia, salir victoriosos. Esta sección explora los movimientos para ayudar a los luchadores a optimizar sus combinaciones, aumentando sus posibilidades de éxito en la competición. Se examina la combinación de golpes, bloqueos y agarres, así como la fluidez entre movimientos.

Combinación de golpes

Los golpes son componentes esenciales de la lucha libre para derribar al oponente de forma eficaz. Cuando se combinan de forma creativa, pueden ser un arma poderosa en su arsenal. La clave para combinar los golpes de forma eficaz es pensar siempre en el siguiente movimiento. Por ejemplo, puede lanzar un codazo y, a continuación, realizar una transición perfecta a un derribo con doble pierna para derribar a su oponente. Otra técnica eficaz es combinar un puñetazo recto con un barrido de piernas. Se trata de lanzar un puñetazo y, a continuación, colocarse rápidamente detrás del adversario y barrerle la pierna. Este movimiento le toma desprevenido y le ayuda a desequilibrarle lo suficiente como para derribarle.

Combinación de bloqueos y agarres

Los bloqueos y las presas son algunas de las técnicas de lucha más influyentes. Combinadas, pueden ser aún más poderosas. Para combinar los bloqueos y las presas, agarre la muñeca de su oponente, lo que le dará control sobre su brazo. A continuación, utilice este agarre para bloquear su brazo y, al mismo tiempo, colocarse detrás de él, lo que le situará en una posición muy ventajosa en la que podrá derribarlo fácilmente. Otra combinación eficaz es utilizar una media Nelson para preparar una cuna. Esta técnica consiste en bloquear el brazo del oponente con una media Nelson y, a continuación, tumbarlo boca arriba con una cuna. Este movimiento requiere mucha práctica y habilidad, pero puede cambiar las reglas del juego en un combate.

Fluidez entre movimientos

Por último, uno de los aspectos más cruciales de la combinación de movimientos en la lucha libre es la fluidez entre ellos. Debe anticipar el siguiente movimiento de su oponente y ajustar rápidamente su estrategia. Por ejemplo, supongamos que va a realizar un derribo y su oponente contraataca. En ese caso, cambia inmediatamente a otro movimiento para mantener el control. Otro factor crítico es combinar movimientos que se complementen entre sí. Por ejemplo, puede preparar un derribo de doble pierna con una combinación de jab-cross. El jab-cross distraerá a su oponente y creará una abertura para que usted vaya a por el derribo.

Estrategias para combinaciones eficaces

La lucha libre es un deporte dinámico y muy técnico que requiere gran habilidad, fuerza y resistencia. Tanto si es un principiante como un luchador experimentado, dominar los movimientos combinados es esencial para llevar su juego al siguiente nivel. Puede desarrollar combinaciones efectivas de varias maneras, pero todo se reduce a tres estrategias cruciales: identificar debilidades y fortalezas, aprovechar las debilidades de su oponente y desarrollar adaptabilidad. Esta sección profundiza en estas tres estrategias y proporciona consejos prácticos para mejorar su rendimiento y convertirse en un luchador más formidable.

Identificación de debilidades y fortalezas

El primer paso para desarrollar combinaciones eficaces es identificar sus puntos fuertes y débiles como luchador. Analizar sus combates le ayudará a identificar las áreas en las que destaca y las áreas que puede mejorar. Este conocimiento es crucial, ya que le permite desarrollar sus puntos fuertes y superar sus puntos débiles. Una vez que conozca sus puntos fuertes y débiles, podrá adaptar su entrenamiento para abordar estas áreas. Por ejemplo, si es más fuerte de pie que en el tatami, debe centrarse más en su juego de suelo. Del mismo modo, si le falta resistencia, trabaje con ejercicios cardiovasculares y ejercicios para aumentar la resistencia.

Aprovechar los puntos débiles del oponente

La siguiente estrategia consiste en centrarse en los puntos débiles del oponente. A medida que se adquiere experiencia, se aprende que cada luchador tiene puntos débiles específicos que pueden explotarse. Reconocer estos puntos débiles, ya sea la falta de resistencia, el equilibrio deficiente o la susceptibilidad a ciertos movimientos, le dará una ventaja significativa. Una forma de desarrollar esta habilidad es observar los combates y analizar el estilo de lucha de su oponente. Observe sus actuaciones anteriores y compruebe si ha tenido problemas en algún aspecto. A continuación, utilice este conocimiento para desarrollar movimientos y combinaciones que exploten eficazmente estas debilidades y pongan a su oponente a la defensiva.

Desarrollar la adaptabilidad

Por último, la adaptabilidad es uno de los aspectos más cruciales a la hora de desarrollar combinaciones eficaces. La lucha es un deporte impredecible, y debe pensar sobre la marcha y ajustar su estrategia a medida que avanza el combate. Desarrollar la adaptabilidad significa evaluar la situación y modificar rápidamente el plan de juego en consecuencia. Una forma de desarrollar la adaptabilidad es practicar y perfeccionar los movimientos constantemente. Luego, a medida que se sienta más cómodo con las técnicas, experimente con distintas variaciones y cree nuevas combinaciones. Este método le ayudará a prepararse para situaciones inesperadas y le proporcionará más herramientas con las que trabajar durante un combate.

Combos para principiantes

Ganar un combate de lucha libre consiste en ser más fuerte que su oponente y utilizar las técnicas adecuadas en el momento oportuno. Una forma de mejorar su técnica es practicar combos para principiantes. Los combos son una serie de movimientos combinados para obtener una ventaja sobre su oponente. Esta sección analiza algunos combos básicos que los principiantes deberían practicar para mejorar sus habilidades de lucha.

Combos básicos de golpeo

Los combos básicos de golpeo son esenciales en la lucha libre. Estos utilizan golpes para crear aperturas en la defensa de su oponente, y luego capitalizarlas con derribos o lanzamientos. Algunos combos básicos de golpeo incluyen el jab-cross, jab-uppercut, y el derechazo por arriba.

- El jab-cross es un combo estándar para crear distancia con el oponente y golpear. El jab es un puñetazo rápido y potente dirigido a la cara o al cuerpo del oponente. El cross es un puñetazo recto dirigido a la barbilla o el pecho del oponente. Esta combinación puede utilizarse para preparar un derribo o un lanzamiento.

- El combo jab-uppercut es otro combo básico para crear aperturas para derribos o lanzamientos. El jab mantiene al oponente a distancia, mientras que el uppercut cierra la distancia y golpea. El uppercut es un puñetazo dirigido a la barbilla o al cuerpo del oponente. Este combo funciona mejor cuando se tiene al oponente contra la jaula o en la esquina del tatami.

- El combo de derecha por encima es un poderoso combo para golpear con fuerza. El derechazo por encima es un golpe ancho y en bucle dirigido a la barbilla o la mejilla del oponente. Este combo se utiliza mejor cuando el oponente no se lo espera y debe reaccionar con rapidez. El derechazo por encima puede preparar un derribo o un lanzamiento.

Combos esenciales de bloqueos y agarres

Los combos de llaves y presas son otro aspecto vital de la lucha. Utilizan la palanca y la presión para controlar el cuerpo del oponente e inmovilizarlo. Algunos combos de bloqueos y presas esenciales son la armbar, la kimura y el estrangulamiento por detrás.

- La armbar es un bloqueo eficaz para controlar el brazo del oponente. Este bloqueo consiste en agarrar el brazo del oponente y rodearlo con las piernas. A continuación, se ejerce presión sobre el codo del oponente, obligándole a someterse o a arriesgarse a que se rompa el brazo. Puede utilizar este bloqueo cuando está encima de su oponente o cuando está abajo.

- La kimura es otro bloqueo eficaz para controlar el brazo del oponente. Este bloqueo consiste en agarrar la muñeca del oponente y retorcerla detrás de su espalda. A continuación, utilice la otra mano para ejercer presión sobre el codo y obligarle a someterse o arriesgarse a sufrir una lesión. Una vez más, la kimura puede utilizarse desde arriba o desde abajo.

- El estrangulamiento por detrás es una conocida llave de sumisión que controla el cuello del oponente. Consiste en rodear el cuello del oponente con los brazos y apretar hasta que se someta o se desmaye. Esta llave se utiliza mejor cuando se tiene al oponente de espaldas.

Flujos para principiantes

Los flujos para principiantes son una combinación de técnicas de golpeo y agarre que fluyen de una a otra. Estos flujos ayudan a desarrollar la memoria muscular y a mejorar el tiempo de reacción. Algunas técnicas para principiantes son:

- El flujo jab-takedown utiliza el jab para crear una apertura para un takedown. Por ejemplo, se golpea la cara del oponente, se crea distancia y se dispara para derribarlo.
- La técnica jab-cross-shoot es una combinación de técnicas de golpeo y derribo. Comienza con un jab, lanza un cross, y luego tira para derribar.
- El derribo con doble jab y doble pierna combina técnicas de golpeo y derribo. Comienza con dos jabs, crea distancia, y dispara para un derribo de doble pierna.

Combinaciones eficaces

En la lucha libre, uno de los aspectos más críticos de este deporte es la combinación perfecta de movimientos. Cuando se hace correctamente, la combinación de diferentes movimientos puede coger desprevenido al oponente, poniéndole a la defensiva y, en última instancia, llevándole a la victoria. Esta sección profundiza en algunas de las combinaciones más eficaces de la lucha libre.

La combinación multigolpe

La combinación multigolpe es una poderosa herramienta en el arsenal de un luchador. Combina diferentes golpes para crear una abertura que permita un derribo o una clavada. Esta combinación puede incluir puñetazos, patadas o incluso cabezazos; por ejemplo, a algunos luchadores les gusta empezar con un puñetazo en el estómago, seguido de una patada en la pierna o un cabezazo en el pecho. La idea es mantener al adversario indeciso y desequilibrado, dejándole abierto a un intento de derribo. Si se ejecuta correctamente, la combinación de golpes múltiples puede ser devastadora.

Combinación de bloqueo y golpe

La combinación de bloqueo y golpe es otra forma eficaz de derribar al oponente. Esta técnica consiste en bloquear al oponente y golpearle con una serie de golpes para crear una apertura para un derribo o una sumisión. Esta combinación incluye golpes a la cabeza, las tripas o las piernas. Una vez que el oponente está aturdido por los golpes, se utiliza el bloqueo para apalancarlo en una posición vulnerable. Muchos luchadores utilizan esta combinación para preparar una llave de estrangulamiento o un armbar.

La combinación evasiva

La combinación evasiva se basa en el movimiento. Esta combinación utiliza movimientos rápidos y evasivos para evitar los golpes de su oponente mientras prepara su intento de derribo. Un movimiento evasivo típico es el "deslizamiento". Se desliza hacia el lado del golpe de su oponente y, a continuación, golpea con un gancho corto o un uppercut. Otro movimiento evasivo habitual es el "agacharse". Se agacha por debajo del brazo del adversario y luego intenta derribarlo. La combinación evasiva es excelente para los luchadores que saben leer los movimientos de su oponente y pueden reaccionar con rapidez.

Dominar las combinaciones de inmovilización en la lucha libre es fundamental para derribar a su oponente. Practicando estas combinaciones durante el entrenamiento, se convertirá en un oponente formidable en el tatami y dominará a su oponente en el ring. Recuerde, la lucha libre se basa en la técnica y en saber utilizar cada movimiento a su favor. Así que practique sus combinaciones, aprenda a leer los movimientos y reacciones de su oponente y conviértase en el campeón de lucha que ha nacido para ser.

Técnicas avanzadas

La lucha libre, conocida por su combinación única de fuerza, agilidad y técnica, se ha convertido en un deporte de competición que exige habilidades físicas y mentales. Como luchador, el desarrollo de técnicas avanzadas es esencial para mantenerse por delante de la competencia. Esta sección trata de las técnicas avanzadas que le ayudarán a dominar el tatami.

Combinaciones avanzadas para el combate uno contra uno

Uno de los aspectos más cruciales de la lucha libre es encadenar diferentes técnicas para crear una combinación convincente. Los luchadores avanzados saben combinar varios agarres, lanzamientos y derribos con fluidez. Para mejorar su juego, debe tener un conocimiento sólido de los fundamentos y basarse en ellos. Por ejemplo, un derribo de hombro básico puede combinarse con un barrido de piernas para conseguir un derribo decisivo. A medida que avance, mezcle diferentes técnicas para sorprender a su oponente, como un falso golpe seguido de un derribo con una sola pierna. Puede ser más astuto y superar a su oponente en el tatami dominando las combinaciones avanzadas.

Combinaciones de maestros para múltiples oponentes

Uno de los retos más comunes a los que se enfrenta un luchador es superar a varios oponentes a la vez. Los maestros han desarrollado técnicas para superar este reto. Un enfoque consiste en utilizar el impulso de un oponente contra el otro. Por ejemplo, se puede arrastrar con el brazo a un luchador para lanzarlo a la trayectoria de otro. Utilizar la visión periférica y el conocimiento de la situación es crucial para enfrentarse a varios oponentes. Otra técnica avanzada consiste en derribar con dos piernas a un luchador y aprovechar el impulso para someter al otro. Estas combinaciones avanzadas requieren precisión, sincronización y agilidad, pero pueden cambiar las tornas en un combate difícil.

Combinación de estrategias y desencadenantes mentales

La lucha libre no consiste solo en técnicas físicas. También se trata de ser innovador y estratégico. Los luchadores de élite saben cómo ejecutar los movimientos y cuándo utilizarlos. Los factores mentales le dan una ventaja significativa, como comprender los puntos débiles de su oponente o aprovechar sus errores. Combinar diferentes estrategias puede ayudar a mantener a su oponente fuera de equilibrio. Por ejemplo, si se le conoce por su gran capacidad para derribar, la próxima vez empiece con un derribo de pie, para sorprender a su oponente con la guardia baja. Puede convertirse en un oponente formidable incorporando estrategias mentales a las técnicas.

Utilizar fintas y amagos

Las fintas y amagos pueden ser herramientas poderosas en la lucha libre. Una finta o amago puede ser tan simple como fingir un derribo de pierna para provocar que el oponente busque una defensa abriendo los brazos para contraatacar y lanzar. Las fintas pueden poner a prueba las reacciones del oponente antes de realizar el movimiento real. Puede crear huecos en la defensa de su oponente y desequilibrarlo utilizando fintas y amagos.

Perfeccionar las técnicas avanzadas de lucha requiere tiempo y práctica. Sin embargo, la combinación de diferentes estilos, la utilización de activadores mentales estratégicos y la incorporación de fintas y amagos pueden facilitar el dominio de sus oponentes en el tatami. Si domina estas técnicas, podrá anticiparse a los movimientos de su oponente, crear aperturas y ejecutar derribos y lanzamientos decisivos. Recuerde que solo algunas estrategias o planes conducirán al éxito. Lo mejor es experimentar con distintas combinaciones para encontrar la que mejor funcione. Después, siga perfeccionando sus habilidades y refinando sus técnicas, y estará en el buen camino para convertirse en un luchador de élite.

Capítulo 9: Entrenamiento en casa

¿Está cansado de perderse su entrenamiento de lucha debido al cierre del gimnasio o a conflictos de horarios? No deje que eso le impida alcanzar sus objetivos. Con el equipo adecuado, puede entrenar eficazmente en casa y mantener la fuerza, la técnica y la resistencia. Ya sea instalando una colchoneta en el garaje, invirtiendo en un maniquí de lucha o simplemente encontrando formas creativas de sustituir a un compañero, existen infinitas posibilidades para mantener el ritmo del entrenamiento.

Con dedicación y una mentalidad centrada, puede convertir su casa en un formidable escenario de entrenamiento y mantenerse por delante de la competencia. En este capítulo se describen los ejercicios que puede practicar solo en casa, con y sin equipamiento. Entrenar solo y practicar a diario es tan importante como practicar con un adversario y mejorar las habilidades y la condición física.

Ejercicios en solitario

Los luchadores deben ser agudos y precisos con sus técnicas, lo que se consigue con la práctica constante. A veces, las lesiones o la falta de compañeros o instalaciones hacen necesario el entrenamiento en solitario. Los ejercicios en solitario son esenciales para ayudar a los luchadores a refinar y desarrollar sus habilidades mientras entrenan de forma independiente. Esta sección explora algunos ejercicios en solitario que los luchadores pueden realizar para mejorar.

Boxeo de sombra

El boxeo de sombra ayuda a recrear las técnicas de lucha [8]

El boxeo de sombra es uno de los ejercicios en solitario más fundamentales para los luchadores. La técnica requiere la visualización y recreación de técnicas de lucha en el aire. Es útil para refinar movimientos y técnicas, dominar el equilibrio y la coordinación, y desarrollar el juego de pies y el alcance. Los ejercicios en solitario de boxeo de sombra se realizan sin equipamiento ni accesorios. Además, el objetivo del boxeo de sombra es simular un combate real, y los luchadores deben ejecutar sus técnicas con precisión y potencia, como en la competición real. Los luchadores deben centrarse en su juego de pies, el movimiento de la cabeza, la postura y la posición de las manos cuando hacen boxeo de sombra.

Trabajo de pies y ejercicios de movimiento

Los luchadores necesitan un excelente juego de pies para superar a sus oponentes, controlar su alcance y mantener el equilibrio mientras ejecutan una técnica. Los ejercicios de movimiento son esenciales para desarrollar la flexibilidad y agilidad necesarias para la lucha. Los ejercicios ayudan a cambiar rápidamente el peso de un pie a otro, a pivotar y a mantener las variaciones en el movimiento del oponente. Los ejercicios de juego de pies y movimiento incluyen pivotar, arrastrar los pies, dar pasos laterales, saltar a la cuerda, etc.

Ejercicios de trabajo con colchonetas

Los ejercicios con colchonetas son fundamentales para desarrollar una distribución adecuada del peso, el alcance y las técnicas de golpeo. Las almohadillas ofrecen resistencia y reproducen el cuerpo del oponente, lo que ayuda a los luchadores a desarrollar precisión y potencia en sus golpes. Uno de los ejercicios más populares es el de la manopla. Los luchadores se centran en conseguir ritmo y fluidez en sus técnicas de golpeo para simular el movimiento del oponente.

Ejercicios con el saco pesado

Los ejercicios con saco pesado son esenciales para desarrollar la fuerza, la resistencia y la explosividad de los luchadores. Además, son fundamentales para perfeccionar la puntería y los movimientos en situaciones reales. Los ejercicios con saco pesado consisten en golpear un saco pesado con intensidad y precisión. Los ejecutantes utilizan una serie de golpes, como patadas, puñetazos y rodillazos, para trabajar la forma, la potencia y el alcance. Los luchadores deben centrarse en mantener una técnica adecuada en sus golpes, garantizando la seguridad de sus articulaciones.

Ejercicios en pareja

Mientras que las sesiones de práctica en solitario son cruciales para el crecimiento personal, los ejercicios en pareja son esenciales para perfeccionar las técnicas de lucha y desarrollar habilidades de resolución de problemas. Además, ayudan a los luchadores a practicar técnicas específicas, mejorar su sincronización y conciencia, y aumentar su resistencia para mejorar su ventaja competitiva. En esta sección se describen algunos de los ejercicios de pareja más eficaces para los luchadores. Tanto si es nuevo en la lucha como si ya tiene experiencia, estos ejercicios le ayudarán a perfeccionar sus habilidades y a convertirse en un oponente formidable.

Sparring

El sparring es un elemento básico en la lucha libre y se considera uno de los mejores ejercicios de pareja para grapplers. Le permite aplicar las técnicas que ha aprendido en la práctica a una situación real y competitiva. Con un compañero, puede atacar y defenderse por turnos, utilizando todos los métodos diferentes, como el derribo y el desplazamiento. Las sesiones de sparring pueden realizarse en varios formatos, pero el sparring libre y la lucha en vivo son dos de los más populares. El sparring libre permite a los luchadores practicar sus movimientos y contragolpes sin acciones predeterminadas. Por el contrario, la lucha en vivo limita las técnicas utilizadas en el combate para dar a los luchadores la sensación de una práctica de lucha más organizada.

Ejercicios de trabajo en pareja

Los ejercicios con compañero son excelentes para practicar y mejorar la potencia y precisión de sus golpes y lanzamientos. Estos ejercicios implican trabajar con un compañero que sujeta unas almohadillas, dándole objetivos a los que golpear. Por ejemplo, el ejercicio del guante de enfoque implica golpear objetivos en movimiento (guantes) sostenidos por su compañero. Este ejercicio le permite trabajar sus puñetazos, patadas y otras técnicas de golpeo al tiempo que aumenta su potencia y velocidad. El compañero puede sujetar las almohadillas y darle objetivos a los que lanzar para ayudarle a perfeccionar sus lanzamientos y derribos.

Ejercicios de lucha y agarre

Los ejercicios de lucha y agarre mejoran la posición, el control y las técnicas de sumisión. Desarrollan un agarre firme y la fuerza de los brazos. Ejercicios como el golpeo, en el que los luchadores se agarran y recolocan los brazos mientras están de pie, o la práctica de varios derribos y defensas son algunos de los mejores ejercicios para demostrar estas habilidades. Otro ejercicio para aumentar la fuerza de agarre es el de agarre de mono. Este ejercicio consiste en sujetar la muñeca y la mano de un compañero mientras este retira el brazo. El objetivo es asegurar el agarre y mantener una postura firme mientras su compañero intenta liberarse.

Ejercicios de acondicionamiento

Aunque los combates de lucha suelen durar solo unos minutos, requieren una gran resistencia y aguante. Por lo tanto, los ejercicios de acondicionamiento son lo mejor para que los luchadores desarrollen su resistencia y mejoren su forma física. Un ejercicio es el "ejercicio suicida". El ejercicio consiste en correr a toda velocidad de una línea a otra, seguido de una inversión de dirección para completar la siguiente carrera. El ejercicio se realiza en formato de "escalera", en el que la distancia que se corre aumenta con cada repetición. Otro ejercicio eficaz para el acondicionamiento es la caminata del oso. En este ejercicio, se pone a cuatro patas y se arrastra hacia delante, moviendo simultáneamente la mano izquierda y el pie derecho, y luego la otra mano y el otro pie. El objetivo es arrastrarse un número determinado de metros o hasta que esté demasiado cansado para continuar.

Ejercicios de reacción

Los ejercicios de reacción son esenciales en todos los deportes de combate, especialmente en la lucha. Mejoran la capacidad de los luchadores para anticipar el siguiente movimiento de su oponente, al tiempo que desarrollan la sincronización de los golpes y las respuestas. Uno de los ejercicios de reacción más populares en la lucha es el ejercicio de sombra. Este ejercicio consiste en luchar en la sombra con un compañero, ejecutando una serie de movimientos, y el otro luchador responde con contramovimientos para mejorar los reflejos y el tiempo de reacción. Este ejercicio también mejora el juego de pies, el movimiento de la cabeza y el control general del cuerpo.

Ejercicios en casa sin equipamiento

La lucha libre es un deporte que requiere agilidad y fuerza física y mental. Es entretenido y ayuda a mejorar la salud general del individuo. Si es luchador, sabrá lo importante que es mantener la fuerza corporal. La buena noticia es que puede hacerlo fácilmente en casa sin aparatos de gimnasia. Aquí tiene algunos ejercicios de lucha libre para hacer en casa sin equipamiento.

Saltar a la cuerda

Saltar a la cuerda puede parecer una actividad sencilla, pero es uno de los mejores ejercicios para mejorar la agilidad, la coordinación y el juego de pies. Es un ejercicio cardiovascular eficaz que mejora la forma física cardiovascular y la resistencia. Saltar a la cuerda de forma constante durante al menos 10 minutos puede quemar hasta 100 calorías. Como luchador, saltar a la cuerda mejora el equilibrio y la rapidez de movimientos de los pies, que son esenciales para derribar a su oponente.

Burpees

Los burpees son un ejercicio para todo el cuerpo en el que participan todos los grupos musculares. Es un entrenamiento a intervalos de alta intensidad (HIIT) que mejora la forma cardiovascular al tiempo que desarrolla los músculos. Los burpees son ejercicios fáciles de realizar que no requieren equipamiento y que pueden modificarse en función del nivel de forma física. También es un ejercicio excelente para mejorar la resistencia y el aguante.

Flexiones y abdominales

Las flexiones y los abdominales son dos ejercicios clásicos que pueden realizarse en cualquier lugar. Son asequibles y no requieren equipamiento. Son ejercicios esenciales para los luchadores, ya que ayudan a desarrollar la fuerza de la parte superior del cuerpo, la estabilidad central y el equilibrio. Las flexiones trabajan el pecho, los hombros, los tríceps y la parte superior de la espalda, mientras que las sentadillas mejoran los músculos abdominales.

Sentadillas y zancadas

Las sentadillas y las zancadas son dos ejercicios fundamentales para desarrollar los músculos de las piernas. Ayudan a mejorar el equilibrio, la flexibilidad y la movilidad. Las sentadillas trabajan los cuádriceps, los isquiotibiales y los glúteos, mientras que las estocadas trabajan las pantorrillas, los cuádriceps y los glúteos. Hacer sentadillas y zancadas con regularidad puede mejorar la agilidad, la resistencia y el equilibrio, que son esenciales para la lucha libre.

Correr, montar en bicicleta o nadar

El ejercicio cardiovascular es esencial en cualquier rutina de entrenamiento. Correr, montar en bicicleta o nadar pueden mejorar la salud cardiovascular y mantener una excelente forma física. Correr ayuda a quemar calorías, aumenta la resistencia y fortalece los músculos de las piernas. El ciclismo es un ejercicio de bajo impacto que fortalece los músculos de los cuádriceps y los isquiotibiales al tiempo que aumenta la resistencia. La natación es un excelente ejercicio de bajo impacto que involucra a todo el cuerpo a la vez que mejora la salud cardiovascular.

Ejercicios en casa con equipamiento

La lucha libre es uno de los deportes más exigentes, ya que requiere fuerza, resistencia y agilidad. Pero si es aficionado a la lucha libre, no necesita ir al gimnasio para mantener un buen físico. Puede hacerlo desde la comodidad de su casa. A continuación, se enumeran algunos de los mejores ejercicios de lucha libre caseros con equipamiento que le ayudarán a ponerse en forma, mantenerse sano y mejorar su juego de lucha libre.

Bandas de resistencia

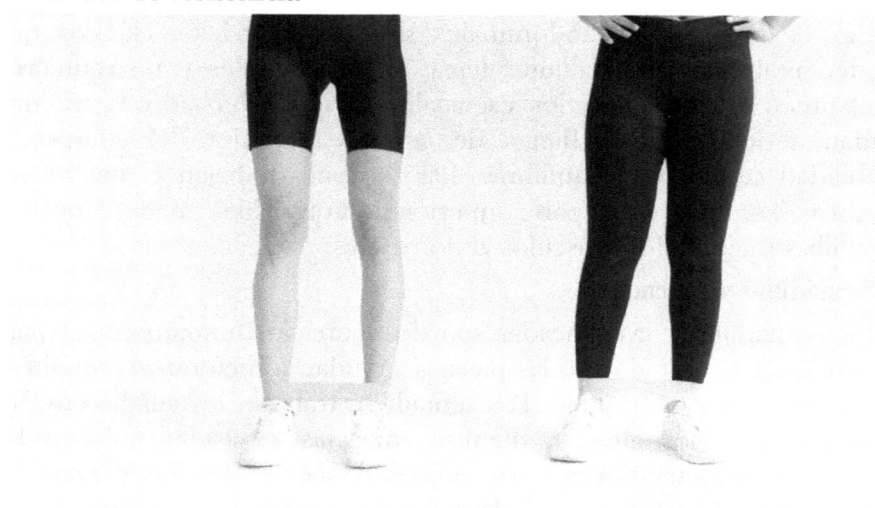

Las bandas de resistencia pueden mejorar la fuerza y tonificar el cuerpo

Las bandas de resistencia son una forma estupenda de mejorar la fuerza y tonificar el cuerpo. Póngase las bandas alrededor de sus pies, sujételas con las manos y realice ejercicios como press de pecho de pie, curl de bíceps, extensiones de tríceps y remo de pie. Puede utilizar las bandas para trabajar las piernas haciendo sentadillas, zancadas y flexiones de piernas. Además, puede ajustar la intensidad de los ejercicios mediante el uso de diferentes bandas con diferentes niveles de resistencia, por lo que es un excelente entrenamiento para principiantes y luchadores experimentados.

Balones medicinales

Los balones medicinales son otro equipo que le ayudará a ponerse en forma. Los hay de distintos pesos y tamaños, así que elija uno cómodo y adecuado. Sujete el balón con las dos manos y realice ejercicios como el press por encima de la cabeza, el pase de pecho, los lanzamientos laterales y los derribos. Puede hacer ejercicios en pareja como el giro ruso, el pase contra la pared y las sentadillas. Estos ejercicios son estupendos para desarrollar la fuerza central, la velocidad y la agilidad.

Saco de boxeo o guantes de boxeo

Los puñetazos son un componente esencial de la lucha libre, y un saco de boxeo o unos guantes de boxeo pueden ser una buena forma de mejorar la técnica y la resistencia. Cuelgue el saco en el garaje o compre un par de guantes de boxeo y pídale a un compañero que se los sujete. A continuación, practique sus jabs, ganchos, cruces y uppercuts para un gran entrenamiento cardiovascular y para ayudarle a tonificar los brazos y la parte superior del cuerpo.

Pesas rusas

Las pesas rusas son ideales para entrenar todo el cuerpo con excelentes resultados. Las hay de distintos pesos, así que elija una con la que se sienta cómodo. A continuación, realice ejercicios como el balanceo con pesas rusas, la sentadilla de vaso, el levantamiento de peso y el levantamiento turco para aumentar la fuerza y mejorar su condición física general. Las pesas rusas pueden suponer un reto, así que empiece con un peso bajo y vaya subiendo a medida que se fortalezca.

Pesas de tobillo

Las pesas de tobillo le ayudan a desarrollar fuerza y potencia en la parte inferior del cuerpo. Utilícelas durante ejercicios como elevaciones de piernas, elevaciones de pantorrillas y elevaciones laterales de piernas. Úselas mientras camina o hace ejercicio para aumentar la resistencia. Sin embargo, tenga cuidado de no excederse, ya que las pesas de tobillo pueden ejercer demasiada presión sobre las articulaciones y provocar lesiones.

Consejos para entrenar solo en casa

La actual crisis sanitaria ha planteado nuevos retos a los luchadores acostumbrados a entrenar en un entorno de equipo. Sin embargo, puede seguir sintiendo pasión por este deporte. Con un poco de creatividad, puede seguir mejorando sus habilidades y mantenerse en forma mientras entrena solo en casa. Aquí tiene algunos consejos para prepararse, mantenerse concentrado y motivado, y hacer un seguimiento de sus progresos.

Establece un horario

Mantener un horario regular es uno de los aspectos más importantes del entrenamiento en solitario. Sin un entrenador o compañeros de equipo, es fácil perder la concentración y comprometerse menos con las sesiones de entrenamiento. Para evitarlo, fije una hora concreta cada día para entrenar y cúmplala a rajatabla. Cree un horario que funcione mejor para usted y le permita centrarse en sus actividades diarias.

Elija una variedad de ejercicios

Elija una variedad de ejercicios para mejorar diferentes aspectos de su juego de lucha, es crucial para desarrollar un programa de entrenamiento completo. Empiece seleccionando ejercicios básicos que desarrollen la fuerza, la velocidad y la resistencia, como flexiones, sentadillas y abdominales. A continuación, añada ejercicios pliométricos, como saltos de cajón, saltos de cuerda y sentadillas con salto. Para el desarrollo de la potencia y los ejercicios de peso corporal, incluya caminatas de cangrejo, burpees y planchas.

Centrarse en la técnica y la forma

La lucha requiere una técnica y una forma excepcionales. Para alcanzar todo su potencial, debe dedicar tiempo a trabajar su forma y asegurarse de que sus técnicas se ejecutan correctamente. Aunque analizarse a uno mismo durante el entrenamiento es un reto, se pueden conseguir mejoras significativas viendo vídeos tutoriales y desglosando cuidadosamente los movimientos.

No descuide el acondicionamiento

En la lucha libre, el acondicionamiento lo es todo. De él depende que aguante o no un combate entero y que le ayude a ganar. Cuando entrene solo, es esencial incluir ejercicios de acondicionamiento que imiten la intensidad y la duración de un combate de lucha. Actividades como correr, hacer sprints, subir cuestas y el entrenamiento a intervalos crearán una base sólida.

Controle sus progresos

Cuando entrena solo, el seguimiento de su progreso es vital para mantenerse motivado y para ayudarle a documentar sus ganancias. Lleve un diario o descargue una aplicación de entrenamiento que le ayude a medir sus progresos y a controlar las áreas de mejora. Conocer sus logros le ayuda a convertir las sesiones de entrenamiento desafiantes en experiencias más positivas y le empuja más cerca de sus objetivos.

La lucha puede ser un reto, pero también de lo más gratificante. Con disciplina y dedicación, puede mejorar sus habilidades, seguir entrenando solo y llevar su juego de lucha libre al siguiente nivel. Establecer un horario, elegir una variedad de ejercicios, centrarse en la técnica y la forma, no descuidar el acondicionamiento, hacer un seguimiento de sus progresos, mantenerse motivado y tomarse descansos con regularidad, fomentan el progreso y le mantienen inspirado durante esta difícil etapa. No se deje convencer de que entrenar sin equipo o en solitario es inadecuado. Puede marcar la diferencia en su carrera como luchador.

Capítulo 10: Entrenamiento y formación de jóvenes

La lucha libre no es solo un deporte. Es una forma de vida. Enseñar a los jóvenes el arte de la lucha requiere dedicación, paciencia y las estrategias de entrenamiento adecuadas. No basta con enseñarles las técnicas y los movimientos; hay que inculcarles la disciplina, la resistencia y la confianza en sí mismos que conlleva ser un luchador. Como entrenador, es crucial comprender los diferentes estilos de aprendizaje de cada luchador y proporcionar un entorno de apoyo que fomente sus puntos fuertes y débiles.

Al invertir en el desarrollo de los jóvenes luchadores, usted está construyendo atletas sobresalientes y líderes honorables que llevarán las lecciones que aprendieron en el tatami a todos los aspectos de sus vidas. Este capítulo tiene como objetivo proporcionar a los entrenadores y padres la información necesaria para garantizar que cada luchador esté seguro, cuidado y equipado con un entorno de aprendizaje divertido para prosperar. Recuerde, con la orientación y el apoyo adecuados, estos luchadores en ciernes alcanzarán todo su potencial.

Seguridad y precauciones para los jóvenes luchadores

Los jóvenes luchadores deben utilizar equipo de protección[10]

La lucha libre es un deporte desafiante y físicamente exigente. Aunque a muchos niños les parezca un juego divertido para jugar con los amigos, es esencial recordar que los luchadores corren un mayor riesgo de lesionarse. Como padre o entrenador, es crucial asegurarse de que los luchadores practican este deporte de forma segura, dentro y fuera del cuadrilátero. En esta sección se describen algunas precauciones de seguridad esenciales para los jóvenes luchadores que todo entrenador, padre o deportista debe conocer.

Equipo de protección para luchadores

Muchos jóvenes luchadores se lanzan a este deporte sin el equipo de protección adecuado. Sin embargo, el equipo adecuado es esencial para mantener a los luchadores seguros mientras participan en el deporte. Los siguientes son los equipos de protección cruciales que todo joven luchador debe tener:

- **Casco:** El casco es el equipo de protección más importante que puede llevar un luchador. Minimiza y evita lesiones críticas en la cabeza y los oídos.
- **Zapatillas de lucha:** Las zapatillas de lucha protegen los pies de los luchadores y proporcionan agarre en el tatami.

- **Protector bucal:** Se recomienda el uso de un protector bucal para proteger los dientes y la mandíbula de posibles lesiones. Un cabezazo, o un codazo accidental en la boca, pueden hacer saltar fácilmente un diente o causar lesiones graves en la mandíbula y el cuello.
- **Rodilleras**: Las rodilleras no son necesarias, pero sí muy recomendables para proteger las rodillas y evitar rozaduras, cortes o contusiones.

Reglas adicionales de seguridad y diversión

La lucha no es solo cuestión de fuerza física. Se trata de seguir reglas y técnicas. He aquí algunas reglas y consejos adicionales para garantizar la seguridad y la diversión de todos los jóvenes luchadores:

- Respete siempre al adversario y evite conductas bruscas o antideportivas cuando practique o compita.
- Evite imitar las técnicas profesionales que se ven en televisión, ya que pueden ser peligrosas para los jóvenes luchadores.
- Siga los requisitos de peso para evitar competir con alguien mucho más grande o pesado que usted.
- La hidratación es fundamental. Los luchadores deben beber mucha agua y evitar las bebidas azucaradas antes, durante y después de los combates.

Aprender los fundamentos de la lucha libre

Antes de subir al ring y competir, los jóvenes luchadores deben aprender los fundamentos de la lucha libre. Las técnicas y reglas adecuadas pueden ayudar a prevenir lesiones. Los entrenadores profesionales deben encargarse de enseñar estas técnicas fundamentales. He aquí algunas estrategias esenciales para los principiantes:

- **Derribos:** Enseñe a los niños técnicas de derribo adecuadas para evitar lesiones en la cabeza y el cuello.
- **Escape:** Esta técnica puede ayudar a los luchadores a volver a ponerse de pie o a evitar ser inmovilizados.
- **Combinación de inmovilizaciones:** Esta técnica puede ayudar a los luchadores a dominar en un combate y llevar a su oponente a la lona.

La importancia del descanso y la recuperación

El descanso es esencial para que los jóvenes luchadores se recuperen del estrés físico y mental del deporte. No se debe presionar demasiado a los jóvenes luchadores en los entrenamientos, ya que esto puede provocar agotamiento y lesiones. El descanso y la recuperación adecuados ayudan a evitar las distensiones musculares y otras lesiones.

Fomentar el respeto por el deporte

Enseñar a los jóvenes luchadores la importancia de respetar el deporte y a sus oponentes es crucial. Como entrenador o padre, es su responsabilidad asegurarse de que sus luchadores entienden la importancia de respetar el deporte y demostrar un buen comportamiento. Esta sección trata de las formas de fomentar el respeto por el deporte, en los jóvenes luchadores y de cómo sentar las bases de un comportamiento positivo.

Ser un buen entrenador o padre

Como entrenador o padre, es esencial predicar con el ejemplo. Los jóvenes luchadores admiran a quienes les rodean y reflejan su comportamiento. Si usted muestra un comportamiento positivo y respeta el deporte y a los oponentes, es más probable que inspire el mismo comportamiento en quienes luchan con usted. Aclare sus expectativas y demuéstrelas sistemáticamente.

Mantener una comunicación abierta con sus luchadores es crucial. Anímeles a expresar sus pensamientos, preocupaciones e ideas. De este modo, les hará saber que sus opiniones importan y que pueden aprender de la crítica constructiva. Asegúrese de ser accesible y comprensivo, de entender lo que motiva a sus luchadores y de proporcionarles el apoyo necesario.

Enseñar buen comportamiento

A los luchadores se les deben enseñar desde el principio las reglas del deporte y el código de conducta. Hay que hacer hincapié en los valores de integridad, humildad y respeto por los oponentes, dentro y fuera del tatami. Deben saber que se representan a sí mismos y a su equipo, escuela y comunidad. Anímeles a esforzarse por alcanzar la excelencia y recuérdeles la importancia de respetar a todo el mundo. Inculque este comportamiento recompensando a quienes muestren una conducta positiva.

Enseñarles deportividad es otro aspecto del comportamiento esencial en la lucha y en la vida. Felicitar al adversario, ayudarle a levantarse y no regodearse nunca son cualidades de la buena deportividad. Este comportamiento debe reforzarse con regularidad, ya que fomenta el respeto hacia todos.

Recompensas por buena conducta

Una forma de promover el comportamiento respetuoso es incentivar el comportamiento positivo. Recompensar a los luchadores por su buena conducta promueve un ambiente positivo y ayuda a reforzar los valores de respeto e integridad. Por ejemplo, recompénselos con fichas, insignias, certificados o cualquier cosa que el luchador considere valiosa. Esta motivación incluirá un mejor comportamiento, y los demás emularán su comportamiento para recibir reconocimiento.

La lucha libre es un deporte individual, pero se necesita un equipo para tener éxito. Por lo tanto, cree un ambiente de equipo que infunda unidad, respeto y apoyo mutuo. A medida que todo el mundo se sienta más unido y valorado, podría aportar un nuevo nivel de realización y satisfacción a su trayectoria en la lucha libre.

Dar a los niños la oportunidad de brillar

La lucha tiene que ver con la fuerza física, la fortaleza mental y el pensamiento estratégico. Para los jóvenes luchadores, puede ser una experiencia difícil pero gratificante. Para los padres y entrenadores, puede ser una oportunidad de moldear a futuros campeones e inculcarles habilidades esenciales para la vida. Esta sección explora cómo fomentar y apoyar la participación, crear y alcanzar objetivos, celebrar el éxito y aprender de los errores puede ayudar a los jóvenes luchadores a brillar.

Fomentar y apoyar la participación

Una de las cosas más importantes que los padres y entrenadores pueden hacer por los jóvenes luchadores es fomentar y apoyar su participación. Esto significa asistir a sus partidos y proporcionarles apoyo emocional, comentarios positivos y críticas constructivas. El estímulo puede adoptar muchas formas, como ofrecer ánimos antes de un partido, elogiar el trabajo duro y la superación, y reconocer los logros de un luchador. Además, el apoyo a la participación incluye garantizar que los jóvenes luchadores tengan acceso al equipo adecuado, transporte a los partidos y acceso a los entrenadores y otros recursos. Por último, los padres y entrenadores pueden ayudar a los jóvenes luchadores a mantenerse motivados y a disfrutar del deporte, fomentando un entorno de apoyo.

Crear objetivos y alcanzarlos

Establecer objetivos es una parte esencial de cualquier deporte, y la lucha libre no es una excepción. Establecer objetivos ayuda a los jóvenes luchadores a mantenerse centrados y motivados, a medir sus progresos y a celebrar sus éxitos. Los objetivos pueden ser a corto o largo plazo, e incluir hitos como ganar un partido o alcanzar un determinado nivel de forma física. Los entrenadores y los padres pueden ayudar a los jóvenes luchadores a crear objetivos alcanzables que sean realistas pero estimulantes para ayudarles a desarrollar sus habilidades y mejorar su rendimiento. Al fijar y alcanzar objetivos, los jóvenes luchadores ganan confianza en sus capacidades y desarrollan una mentalidad de crecimiento.

Celebrar el éxito y aprender de los errores

En la lucha libre, como en la vida, el éxito y el fracaso son oportunidades vitales de aprendizaje. Cuando los jóvenes luchadores alcanzan sus objetivos o ganan un combate, es esencial celebrar sus logros y reconocer su duro trabajo y dedicación. Esto puede hacerse de muchas formas, como elogiando sus esfuerzos, dándoles recompensas o reconociéndoles públicamente. Celebrar el éxito ayuda a los jóvenes luchadores a sentirse valorados y apreciados y les motiva a seguir trabajando duro. Al mismo tiempo, es esencial aprender de los errores y los reveses. Tras una derrota o un fracaso, los entrenadores y los padres deben ayudar a los jóvenes luchadores a identificar lo que salió mal y cómo pueden mejorar. Esto puede incluir la crítica constructiva, la práctica de habilidades específicas o la búsqueda de nuevas formas de abordar un reto.

Crear el entorno adecuado para el aprendizaje

Los jóvenes luchadores, especialmente los que acaban de empezar, necesitan un entorno seguro, positivo y alentador para desarrollar sus habilidades de forma eficaz y crecer como atletas. Esta sección destaca algunos consejos esenciales que los entrenadores y los padres pueden utilizar para crear el entorno adecuado para los jóvenes luchadores.

Garantizar un entorno seguro y sin estrés

La seguridad es el primer y más importante factor en la creación de un entorno de aprendizaje positivo. Los entrenadores y los padres deben asegurarse de que el entorno de lucha sea seguro para que los jóvenes deportistas practiquen sin riesgo de lesionarse, lo que incluye mantener el equipo adecuado, asegurarse de que las colchonetas de lucha estén limpias y en buen estado, y enseñar a los deportistas buenas técnicas para evitar lesiones.

Además, el entorno debe estar libre de estrés. Los jóvenes luchadores pueden agobiarse y desanimarse fácilmente si se sienten presionados para rendir o temen cometer errores. Por el contrario, los entrenadores y los padres deben centrarse en crear una atmósfera de positivismo y aliento en la que los deportistas se sientan cómodos y apoyados y no tengan miedo de arriesgarse y probar cosas nuevas.

Fomentar la diversión mientras se aprende

La lucha libre es un deporte difícil y exigente, pero eso no significa que no pueda ser divertido. Los entrenadores y los padres deben esforzarse por hacer del aprendizaje de la lucha libre una experiencia agradable, incorporando juegos, retos y otras actividades que enganchen a los jóvenes deportistas y los mantengan motivados. Por ejemplo, los entrenadores pueden organizar ejercicios y juegos para que los luchadores practiquen sus habilidades mientras se divierten. Los padres también pueden participar asistiendo a los partidos y animando a sus hijos, demostrándoles que la lucha no consiste solo en ganar, sino también en pasarlo bien.

Hacer que la enseñanza de la lucha sea divertida

Es esencial que la enseñanza de la lucha sea amena y atractiva para que los jóvenes luchadores se mantengan concentrados y motivados durante todo el entrenamiento. Por lo tanto, los entrenadores deben variar sus métodos de enseñanza y utilizar diferentes técnicas para comunicar nuevas habilidades y técnicas de manera eficaz. Por ejemplo, los entrenadores pueden utilizar demostraciones en vídeo, discusiones en grupo y sesiones individuales de entrenamiento para enseñar técnicas de lucha. Pueden proporcionar regularmente comentarios y ánimos y crear planes de entrenamiento individualizados que se adapten a los puntos fuertes y débiles de cada deportista.

Fomentar la mentalidad de crecimiento

Por último (pero no por ello menos importante), los entrenadores y los padres deben fomentar una mentalidad de crecimiento en los jóvenes luchadores. La mentalidad de crecimiento es la creencia de que las destrezas y habilidades pueden mejorarse mediante el trabajo duro, la dedicación y la persistencia. Este concepto anima a los jóvenes deportistas a aceptar los retos y contratiempos como oportunidades para aprender y crecer, y a no desanimarse ante ellos. Los padres y entrenadores pueden ayudar a desarrollar una mentalidad de crecimiento elogiando a los luchadores por su esfuerzo y progreso en lugar de solo por sus resultados. Deben animar a los luchadores a fijarse objetivos realistas y alcanzables y a celebrar sus logros.

Crear un entorno de aprendizaje positivo y productivo es esencial para que los jóvenes luchadores desarrollen sus habilidades y crezcan como atletas. Los entrenadores y los padres crean un entorno en el que los jóvenes deportistas pueden prosperar y alcanzar todo su potencial, dando prioridad a la seguridad, fomentando la diversión, haciendo que la enseñanza de la lucha sea agradable y promoviendo una mentalidad de crecimiento. Como entrenadores y padres, es su responsabilidad proporcionar la orientación y el apoyo adecuados e inculcar el amor por el deporte a los jóvenes luchadores para mantenerlos comprometidos y motivados durante años.

Consideraciones durante los entrenamientos y los partidos

La lucha libre puede ser un excelente medio para que los niños aprendan disciplina, mejoren su salud física y adquieran confianza en sí mismos. Sin embargo, como ocurre con cualquier deporte, la lucha requiere precauciones, como una nutrición adecuada, calentamientos y recordatorios de las normas, que los jóvenes luchadores y sus padres deben recordar. Esta sección ofrece a los padres y a los jóvenes deportistas consideraciones esenciales durante los entrenamientos y los partidos para mejorar la seguridad y el rendimiento.

Nutrición adecuada

Aunque la mayoría de la gente sabe que la nutrición es importante para un atleta, los jóvenes luchadores deben tener una dieta adecuada para asegurarse de que tienen la energía necesaria para competir. Una dieta suficiente y saludable debe ofrecer carbohidratos y proteínas adecuados para el cuerpo en crecimiento de un atleta, que sostenga las exigentes sesiones de entrenamiento y los partidos de ritmo rápido. Por ejemplo, un tentempié proteínico y un plátano antes del entrenamiento o de un partido deberían proporcionar la energía necesaria para durar. Además, los padres pueden consultar a entrenadores o nutricionistas para asegurarse de que sus jóvenes luchadores reciben los nutrientes adecuados.

Calentamiento y estiramientos

La lucha exige un esfuerzo físico intenso, y los jóvenes luchadores deben preparar correctamente sus músculos antes de comenzar los partidos o las sesiones de entrenamiento. Por lo tanto, los entrenadores deben dirigir sesiones de calentamiento de hasta 30 minutos. Estas sesiones deben incluir ejercicios de estiramiento para prevenir lesiones musculares, ejercicios de agilidad para mejorar la flexibilidad y la explosividad, y ejercicios calisténicos como flexiones y abdominales para mejorar la fuerza. Además, los jóvenes luchadores deben recibir instrucciones sobre cómo estirarse correctamente, incluida la reducción de la velocidad si sienten tensión o dolor durante los ejercicios de calentamiento.

Recordatorios sobre las reglas del árbitro

Los combates de lucha libre requieren que los árbitros se aseguren de que todos los partidos cumplen las normas exigidas y eviten lesiones como caídas y heridas. Por lo tanto, los jóvenes luchadores deben conocer las reglas del juego para mantener los encuentros seguros y justos. Por ejemplo, deben comprender que los movimientos de agarre y ciertos agarres están permitidos, mientras que las técnicas como dar cabezazos, morder o pinchar en los ojos de los oponentes están prohibidas. Además, los jóvenes luchadores deben escuchar las indicaciones de sus entrenadores y del árbitro y comportarse de forma respetuosa con sus oponentes, entrenadores y árbitros. Se les debe enseñar a afrontar situaciones tanto mentales como emocionales, como perder un combate o responder a un comportamiento agresivo.

Gestión del estrés

La lucha libre es un deporte intenso y exigente, que a menudo provoca estrés emocional y mental en los jóvenes luchadores. Este estrés puede afectar a su rendimiento durante los entrenamientos y los partidos. Educar a los jóvenes luchadores sobre la importancia de las técnicas de gestión del estrés, como los ejercicios de respiración profunda, el yoga y la visualización, ayuda a reducir los niveles de estrés y a aumentar su rendimiento general. Además, los padres pueden ayudar a sus jóvenes luchadores a reconocer los desencadenantes del estrés y animarles a practicar ejercicios de relajación para controlarlo.

La lucha libre es un deporte estimulante que beneficia el bienestar físico y emocional de los jóvenes atletas. Sin embargo, los jóvenes luchadores deben tomar las precauciones necesarias y seguir unas consideraciones esenciales para mantenerse seguros y rendir al máximo. Una nutrición adecuada, las sesiones de calentamiento, el conocimiento de las reglas del árbitro y las técnicas de gestión del estrés marcan la diferencia en el éxito de los jóvenes luchadores dentro y fuera del tatami. Por lo tanto, padres, entrenadores y jóvenes luchadores deben trabajar juntos para crear una experiencia deportiva segura, saludable y exitosa.

Capítulo 11: Éxito en la lucha libre

La lucha libre se basa en la dedicación, el trabajo duro y la pasión que se pone en cada entrenamiento y en cada momento sobre el tatami. Los luchadores de éxito entienden que cada movimiento cuenta y que su mentalidad y preparación determinan el resultado. Tienen la confianza y la determinación necesarias para enfrentarse a cualquier oponente con un plan estratégico y la fortaleza mental para superar el cansancio y el dolor. El éxito en la lucha libre se consigue mediante el entrenamiento continuo, el sacrificio y una actitud de "no rendirse nunca".

La satisfacción y el orgullo son indescriptibles cuando todo el trabajo duro da sus frutos y sale victorioso de la lona. Este capítulo está dedicado a celebrar historias de éxito de luchadores que han alcanzado la grandeza y a proporcionar consejos para ayudar a los aspirantes a deportistas a alcanzar sus sueños. Estas historias y consejos le inspirarán y le dejarán listo para afrontar cualquier reto. Los éxitos de estos luchadores son un testimonio vivo del poder del trabajo duro y la perseverancia. Empecemos.

Los triunfos de los campeones de lucha libre

La lucha libre es mucho más que un deporte o un entretenimiento. Implica pasión, perseverancia y dedicación. A lo largo de los años, muchos luchadores han cruzado fronteras y alcanzado nuevos hitos. Merece la pena conocer a algunos luchadores con trayectorias inspiradoras. Esta sección examina de cerca las historias de éxito de campeones de lucha libre, como John Cena, La Roca, Charlotte Flair, Hulk Hogan y CM Punk.

John Cena

John Cena es un conocido icono de la lucha libre con una amplia base de fans. Comenzó su carrera en la lucha libre con la Ultimate Pro Wrestling (UPW) y luego firmó con la WWE en 2000. Cena tiene un impresionante palmarés en la WWE, con 25 campeonatos a sus espaldas. Su inspiradora historia radica en su perseverancia. Cena tuvo que superar numerosos contratiempos y lesiones, pero nunca perdió de vista su objetivo y trabajó incansablemente para volver al juego. Se convirtió en uno de los mejores luchadores de la historia gracias a su esfuerzo y dedicación.

John Cena es un conocido icono de la lucha libre [11]

La Roca

La Roca, alias Dwayne Johnson, tiene una de las historias más inspiradoras de la lucha libre profesional. Comenzó su carrera en la lucha libre con su padre, Rocky Johnson, y más tarde se unió a la WWE. Tras años de duro trabajo y dedicación, se convirtió en uno de los mayores campeones de la WWE. Incluso después de alcanzar un gran éxito, La Roca siguió esforzándose al máximo. Además, persiguió su pasión por la interpretación y ha protagonizado varios éxitos de taquilla. La tenacidad y dedicación de La Roca a su oficio lo convierten en una verdadera inspiración.

Charlotte Flair

La hija de la leyenda de la lucha libre Ric Flair, Charlotte Flair, siempre ha tenido grandes zapatos que llenar. Comenzó su carrera en la lucha libre en 2012 y pronto fichó por la WWE. Desde entonces, ha ganado numerosos títulos y ha batido varios récords. Su camino hacia el éxito se basa en el trabajo duro, la dedicación y la pasión por el deporte. Flair sigue trabajando incansablemente, inspirando a las luchadoras de todo el mundo a seguir sus sueños.

Hulk Hogan

Hulk Hogan es un nombre que resuena en la historia de la lucha libre. Su dinamismo y su presencia en el cuadrilátero le convirtieron en uno de los rostros más conocidos de la lucha libre. Hogan comenzó su carrera en Tennessee y pronto fichó por la WWE. Su camino hacia el éxito se debe a una dedicación incesante, al trabajo duro y a la práctica. A pesar de numerosos contratiempos, siguió adelante y se convirtió en una leyenda viva de la lucha libre.

CM Punk

CM Punk comenzó su carrera en la lucha libre con el circuito independiente y más tarde se unió a la WWE. Rápidamente, ganó popularidad gracias a su personalidad única y a su estilo de lucha. Punk se convirtió en una de las fuerzas más importantes de la WWE. Sin embargo, Punk se sintió insatisfecho a pesar de sus éxitos y finalmente se retiró en 2014. Desde entonces, ha inspirado a luchadores de todo el mundo a perseguir sus sueños y esforzarse más.

Las historias de John Cena, La Roca, Charlotte Flair, Hulk Hogan y CM Punk encarnan los rasgos fundamentales de un verdadero campeón. Sus trayectorias son inspiradoras y han servido de referencia para que muchos luchadores sigan sus pasos. Estos iconos de la lucha libre han alcanzado la cima de sus carreras, no una, sino varias veces. Nos recuerdan que, con trabajo duro y una gran determinación, podemos conseguir cualquier cosa que nos propongamos.

Consejos de profesionales

La lucha libre profesional es un deporte físicamente exigente que requiere fuerza, agilidad y fortaleza mental. Convertirse en luchador profesional requiere mucho trabajo y dedicación, pero con el enfoque adecuado, puede alcanzar sus objetivos y llevar su rendimiento al siguiente nivel. En esta sección se enumeran valiosos consejos sobre la lucha libre profesional que le ayudarán a convertirse en un mejor luchador y a triunfar en este apasionante campo.

- **Entrene duro y con constancia:** La clave del éxito en la lucha libre profesional es entrenar duro y con constancia. Perfeccione su fuerza, agilidad y resistencia para convertirse en un mejor luchador. Asegúrese de tener una rutina de entrenamiento completa, que incluya levantamiento de pesas, ejercicios cardiovasculares y de flexibilidad. Lo mejor es practicar con regularidad las técnicas de lucha para mejorar sus habilidades y desarrollar la memoria muscular.

- **Sea positivo y crea en sí mismo:** Los luchadores profesionales deben tener una actitud positiva y creer en sus capacidades. Este deporte es muy exigente, y habrá momentos en los que se enfrentará a reveses y fracasos. Sin embargo, es esencial ser positivo y seguir adelante. Crea en sí mismo y en sus capacidades; nunca renuncie a sus sueños.

- **Recurra a mentores y entrenadores:** La lucha libre profesional es un deporte de equipo, por lo que es esencial contar con un sistema de apoyo, que incluya mentores y entrenadores. Encuentre un mentor que pueda guiarle a través de los retos de la lucha libre profesional y aconsejarle sobre cómo mejorar sus habilidades. Además, trabaje con un entrenador que le ayude a desarrollar un programa de entrenamiento adaptado a sus necesidades.

- **Tómese su tiempo para descansar y recuperarse:** La lucha libre profesional es un deporte de alto impacto, y es esencial descansar y recuperarse. Asegúrese de dormir bien, seguir una dieta sana y cuidar su cuerpo. Debe escuchar a su cuerpo y tomarse descansos cuando sea necesario; así evitará lesiones y se asegurará de rendir siempre al máximo.

- **Céntrese en sus objetivos:** Para convertirse en un luchador profesional de éxito, necesita objetivos claros y bien definidos. Ya sea ganar un campeonato, fichar por una gran organización de lucha libre o simplemente mejorar sus habilidades, asegúrese de que tiene un plan y mantenga su compromiso. Centrarse en los puntos fuertes, trabajar en los débiles y esforzarse siempre por ser el mejor luchador posible.

Consejos para quienes desean dedicarse a la lucha libre profesional

La lucha libre profesional es una carrera apasionante. No es ningún secreto que los luchadores profesionales son algunos de los atletas con más talento del mundo. Sin embargo, para convertirse en un luchador profesional de éxito, todo aspirante a luchador debe tener en cuenta ciertas cosas. En esta sección se exponen algunos consejos fundamentales para quienes desean dedicarse profesionalmente a la lucha libre. Tanto si acaba de empezar como si lleva tiempo luchando, estos consejos le ayudarán a convertirse en un luchador de éxito.

Consiga la formación adecuada para triunfar

El primer consejo, y el más importante, para cualquiera que se dedique a la lucha libre profesional es que se entrene adecuadamente. No basta con ser atlético o tener un buen físico. Hay que tener una formación adecuada en el arte de la lucha libre profesional. Existen muchas escuelas y entrenadores de lucha libre, así que tómese su tiempo para buscar los mejores. Busque entrenadores con experiencia que hayan entrenado a luchadores de éxito en el pasado. Recibir una buena formación le ayudará a comprender los matices de la industria de la lucha libre y le preparará para todo lo que conlleva.

Encuentre un mentor o entrenador que le guíe

Además de una buena formación, es esencial encontrar un mentor o entrenador que le guíe. Es especialmente importante en las primeras etapas de su carrera. Un mentor ofrece valiosos consejos sobre todo tipo de temas, desde el equipo de ring hasta la psicología dentro del cuadrilátero. Puede presentarte a otros luchadores y promotores, lo que puede ser muy valioso para establecer contactos en el sector. Se pueden encontrar mentores en casi cualquier lugar, desde la escuela de lucha libre hasta los espectáculos independientes. Aproveche las oportunidades de aprender de aquellos que ya han estado donde usted quiere llegar.

Desarrolle su fortaleza mental y mantenga una actitud positiva

La lucha libre profesional es un negocio complicado. Las exigencias físicas del trabajo no son más que el principio. Hay que enfrentarse al rechazo, la decepción y las lesiones. Por lo tanto, para triunfar en este sector hay que ser mentalmente fuerte y capaz de enfrentarse a la adversidad. Lo mejor es mantenerse positivo. Céntrese en las cosas que puede controlar y no se desanime por las que no puede. En lugar de eso, crea en sí mismo y en sus capacidades, y siga adelante.

Fije objetivos realistas y cúmplalos

Uno de los errores más importantes de los aspirantes a luchadores es fijarse metas poco realistas. Aunque es importante soñar a lo grande, también es esencial fijarse metas alcanzables. Esto significa fijarse objetivos a corto y largo plazo. Por ejemplo, entre los objetivos a corto plazo se incluye la contratación para varios combates en un mes. Los objetivos a largo plazo pueden consistir en fichar por una gran promoción de lucha libre. Una vez fijados los objetivos, es fundamental cumplirlos. Mantenga la concentración y el compromiso, y siga adelante, aunque las cosas no sucedan tan rápido como le gustaría.

Relaciónese con otros luchadores y promotores

Por último, la creación de redes es fundamental para triunfar en la industria de la lucha libre profesional. Establecer contactos con otros luchadores y promotores del sector es muy beneficioso. Asista a espectáculos y convenciones de lucha libre y preséntese a la gente. Ofrezca su ayuda en espectáculos y eventos y esté dispuesto a aprender de quienes le rodean. Cuanta más gente conozca en el sector, más posibilidades tendrá de que le contraten para espectáculos y de avanzar en su carrera.

Consejos para mujeres luchadoras

Las mujeres interesadas en la lucha libre a menudo rehúyen este deporte debido a la percepción de su carácter físico y a la presencia dominante de los hombres. Sin embargo, la lucha libre es tan accesible para las mujeres como para los hombres. Todo lo que hace falta es perseverancia, dedicación y una fe inquebrantable en sí mismo. Veamos los consejos más importantes para ayudar a las luchadoras a conquistar este fantástico deporte.

No tenga miedo de hablar por sí misma

Las luchadoras a menudo se sienten intimidadas al estar rodeadas de hombres. Sin embargo, todo el mundo tiene que pasar por el proceso de aprendizaje de este deporte. Hablar claro y afirmar sus límites y zonas de confort es esencial porque nadie le conoce mejor que usted mismo. No dude en pedir ayuda u orientación a su entrenador y a sus compañeras de equipo. Expresar sus necesidades le ayudará a ganarse el respeto y el apoyo de los demás.

Empiece poco a poco y vaya subiendo

Comenzar poco a poco significa ir paso a paso. No se lance directamente a niveles de entrenamiento avanzados sin dominar lo básico. Empiece por lo básico, centrándose en la postura y el juego de pies, y haciendo bien los fundamentos. A continuación, practique las técnicas que más le convengan y amplíelas. Si perfecciona lo básico, puede crear una base sólida para el aprendizaje avanzado futuro.

Confíe en sus habilidades y capacidades

La lucha libre intimida, sobre todo cuando se ve en acción a luchadores experimentados. Pero no deje que eso la desanime. Confiar en sí misma y en su capacidad para aprender y crecer como cualquier otro luchador es una actitud fundamental. Afronte el partido con una mentalidad positiva. Visualícese en acción, dé lo mejor de sí misma y concéntrese en los movimientos en los que destaca. Crea en su capacidad y en sus habilidades, y seguro que triunfará.

Busque mentores que le ayuden a crecer como luchadora

Tener un mentor marca una diferencia sustancial en su trayectoria como luchadora. Busque luchadoras que hayan estado donde usted está y hayan alcanzado los objetivos que usted se ha marcado. Las mentoras le ofrecerán orientación, motivación y entrenamiento práctico mientras comparten sus experiencias. Puede aprender mucho de las personas que han pasado por lo mismo que usted.

Mantenga una actitud positiva y crea en sí misma

Una actitud positiva es crucial para el éxito en cualquier campo; la lucha libre no es diferente. Mantener una actitud positiva no significa hacer las cosas bien todo el tiempo. Significa tener la voluntad de aprender y mejorar a partir de los errores. Ninguna luchadora es perfecta. Sin embargo, cada error puede ser una oportunidad para aprender y mejorar. Mantenga el ánimo alto y permítase oportunidades para crecer y desarrollar sus habilidades.

Las mujeres pueden hacerlo. La lucha libre no tiene restricciones de género y, si le pone corazón al juego y adopta los consejos antes mencionados, puede convertirse en una as de la lucha libre femenina. Sea valiente y defiéndase, empiece poco a poco, confíe en sus habilidades y capacidades, busque mentores que la guíen y mantenga siempre una actitud positiva. Crea en sí misma y alcanzará sus objetivos en un abrir y cerrar de ojos. Recuerda que cuanto más practique, mejor será, y está siempre dispuesta a aprender más. Entonces, es el momento de golpear la colchoneta.

Consejos generales sobre lucha libre profesional

Tanto si está entrenando para convertirse en luchador profesional como si es un principiante, es esencial aprender los conceptos básicos y evitar posibles lesiones. En esta sección encontrará algunos consejos generales sobre la lucha libre profesional que le ayudarán a prepararse mental y físicamente para los retos que le esperan.

- **Practique con seguridad para evitar lesiones:** La lucha libre es un deporte de contacto que implica muchos contactos físicos, lo que puede provocar lesiones. Por lo tanto, es esencial practicar técnicas seguras y utilizar equipos de protección, como cascos, coderas, rodilleras, protectores bucales e inguinales. Caliente siempre antes de entrenar o de un combate para evitar lesiones.

- **Aprenda las reglas de la lucha libre profesional:** Debe dominar las reglas de la lucha libre profesional para ser un luchador de éxito. Es imprescindible estudiar los distintos combates, comprender la disposición del ring y aprender los movimientos y agarres específicos. Además, vea combates de lucha libre para aprender de otros luchadores experimentados.

- **Manténgase en forma e hidratado:** En la lucha libre profesional, la resistencia y la fuerza son cruciales. Por lo tanto, es esencial mantenerse en forma siguiendo una dieta equilibrada y una rutina de ejercicios que incluya entrenamiento cardiovascular y de fuerza. Además, mantenerse hidratado es vital en cualquier deporte para un rendimiento óptimo. Beba mucha agua antes, durante y después del entrenamiento o los partidos.

- **Escuche a su cuerpo y respete sus límites:** Conocer sus límites es vital en la lucha libre profesional. Exigirse demasiado puede provocar lesiones, por lo que es fundamental escuchar al cuerpo y tomarse descansos cuando sea necesario. Además, no asuma riesgos innecesarios en los combates; dé siempre prioridad a su seguridad y a la de los demás luchadores.

- **Utilice la visualización para alcanzar sus objetivos:** La visualización es una técnica excelente para ayudarle a alcanzar sus objetivos en la lucha libre profesional. Por ejemplo, imaginarse ejecutando un movimiento perfecto o ver los movimientos de su oponente antes del combate puede ayudarle a obtener ventaja. Además, visualizar lo que se siente al ganar puede ayudarle a aumentar su confianza y motivación.

Para triunfar en la lucha libre son realmente importantes algunas cosas clave. En primer lugar, debe interesarle este deporte. La lucha no es algo que se pueda hacer a medias y esperar sobresalir. Debe estar dispuesto a dedicar tiempo y esfuerzo al entrenamiento físico y mental. Además, debe tener una fuerte ética de trabajo y un compromiso inquebrantable con sus objetivos.

Tanto si compite para ganar un campeonato como para mejorar sus habilidades, necesita una dedicación inquebrantable a su oficio. Por último, lo mejor es rodearse de personas que le apoyen y animen en su camino. Sus entrenadores, compañeros de equipo y familiares son cruciales para ayudarle a triunfar sobre el tapiz de lucha. Con pasión, trabajo duro y un sólido sistema de apoyo, puede conseguir cualquier cosa en la lucha libre y más allá.

Conclusión

La lucha es uno de los deportes más antiguos y difíciles. Sin embargo, proporciona innumerables beneficios y recompensas a quienes están dispuestos a dedicar tiempo y esfuerzo a dominar sus técnicas. Desde la postura y el equilibrio hasta las maniobras y técnicas avanzadas, la lucha libre es un deporte completo que requiere fuerza, agilidad y una mente despierta. Así que, tanto si es un atleta juvenil, de instituto o universitario como si simplemente quiere volver a ponerse en forma, la lucha libre le ofrece un reto emocionante y gratificante para mejorar su vida dentro y fuera del tatami.

La lucha libre consiste en forcejear con un adversario para controlarlo e inmovilizarlo en el suelo. Entre las reglas y técnicas básicas que todo luchador debe dominar se incluyen la postura correcta, la colocación de las manos y el agarre. El objetivo de la lucha libre es llevar al oponente al suelo y controlarlo mediante movimientos combinados, como derribos, bloqueos de articulaciones y maniobras de inmovilización. Esta guía abarca los fundamentos de la lucha libre, desde las reglas y técnicas hasta los movimientos y estrategias más avanzados. Se exploran los fundamentos de la postura y el equilibrio y cómo realizar maniobras de penetración y elevación. También se aborda el arte de atacar y contrarrestar, y cómo utilizar eficazmente las técnicas de inversión.

Una de las habilidades más importantes para triunfar en la lucha libre es mantener una postura y un equilibrio adecuados. Esto implica mantener un centro de gravedad bajo, separar los pies a la altura de los hombros y permanecer equilibrado y centrado. Esta habilidad requiere práctica y disciplina, que se desarrollan mediante un entrenamiento y una preparación constantes. La lucha implica varias maniobras y técnicas avanzadas que exigen fuerza, agilidad y precisión. Estas maniobras incluyen movimientos de penetración, como derribos con dos piernas, ataques de una sola pierna y maniobras de levantamiento y lanzamiento que requieren reflejos rápidos y una buena sincronización.

Un aspecto clave de la lucha es atacar y contraatacar con eficacia. Esta habilidad consiste en crear huecos y oportunidades para marcar puntos y anticipar y neutralizar los movimientos del oponente. Requiere pensamiento estratégico, destreza física y fortaleza mental. Esta guía proporciona varios ejercicios y prácticas para desarrollar sus capacidades ofensivas y defensivas.

La lucha requiere un buen conocimiento de las técnicas de inversión y escape, que permiten salir de una posición vulnerable y recuperar el control del combate. Estas habilidades implican rapidez mental, agilidad y la voluntad de asumir riesgos calculados para obtener una ventaja. Por último, la lucha consiste en varias combinaciones de inmovilizaciones que utilizan la fuerza física y el pensamiento estratégico. Estos movimientos le permiten controlar a su oponente y asegurarse la victoria. Pero hay que aprender a adaptarse a las circunstancias cambiantes y reaccionar con rapidez a los movimientos del adversario.

La lucha libre es un deporte único que ofrece retos mentales y físicos, lo que lo convierte en una opción ideal para quienes buscan mejorar su salud y su forma física. Tanto si está interesado en competir a un alto nivel como si simplemente quiere recuperar la forma y aprender valiosas habilidades para la vida, la lucha libre es un reto emocionante y gratificante que le ayudará a ganar confianza, disciplina y resistencia dentro y fuera del tatami. ¿Por qué no prueba la lucha libre y descubre cómo este antiguo deporte puede mejorar su vida?

¡Buena suerte en su viaje para convertirse en un experto luchador!

Vea más libros escritos por Clint Sharp

Referencias

(S.f.). Wvmat.com. https://www.wvmat.com/overview.htm

Historia de la lucha libre y la UWW. (sin fecha). United World Wrestling. https://uww.org/organisation/history-wrestling-uww

Resumen de las reglas de la lucha libre. (s.f.). Finalsite.net. https://resources.finalsite.net/images/v1583950707/sacredsf/c1vuicxnw1w5xwmwi7vs/wrestling_packet.pdf

El camino de los novatos. (2019, 29 de diciembre). ¿Qué es la lucha libre? Rookieroad.com; Rookie Road. https://www.rookieroad.com/wrestling/what-is/

La historia de la lucha libre. (2010, 10 de junio). Athleticscholarships.net. https://www.athleticscholarships.net/history-of-wrestling.htm

¿Cuáles son los distintos tipos de lucha libre? (2021, 18 de febrero). Fitness Quest. https://www.fitnessquest.com/what-are-the-different-types-of-wrestling/

Colaboradores de Wikipedia. (2023, 29 de mayo). Wrestling. Wikipedia, La enciclopedia libre. https://en.wikipedia.org/w/index.php?title=Wrestling&oldid=1157634607

Wild Pages Press. (2017a). La lucha libre: Cuaderno. Plataforma de publicación independiente creada por Createspace.

Wild Pages Press. (2017b). Lucha libre: Cuaderno. Plataforma de publicación independiente creada por Createspace.

Datos sobre la lucha libre. (s.f.). Auburntakedown.com. http://www.auburntakedown.com/parents-corner/wrestling-facts.html

Fuentes de imágenes

[1] https://unsplash.com/photos/o6h-CuvAypE?utm_source=unsplash&utm_medium=referral&utm_content=creditShareLink

[2] https://www.pexels.com/photo/plus-size-woman-standing-on-scale-6551401/

[3] https://www.pexels.com/photo/young-determined-man-training-alone-on-street-sports-ground-in-sunny-day-3768901/

[4] https://www.pexels.com/photo/woman-in-green-sports-bra-and-black-leggings-doing-leg-lunges-999257/

[5] https://commons.wikimedia.org/wiki/File:Submission_wrestling.jpg

[6] daysofthundr46, CC BY-SA 2.0 <https://creativecommons.org/licenses/by-sa/2.0>, a través de Wikimedia Commons: https://commons.wikimedia.org/wiki/File:Antonio_Thomas_with_armbar.jpg

[7] https://commons.wikimedia.org/wiki/File:DF-SD-01-06921.jpg

[8] https://www.pexels.com/photo/man-in-black-t-shirt-and-black-shorts-standing-on-brown-wooden-floor-4753985/

[9] https://www.pexels.com/photo/people-workout-using-resistance-bands-6516206/

[10] https://unsplash.com/photos/DCqXIFXoqr0?utm_source=unsplash&utm_medium=referral&utm_content=creditShareLink

[11] Gage Skidmore de Peoria, AZ, Estados Unidos de América, CC BY-SA 2.0 <https://creativecommons.org/licenses/by-sa/2.0>, a través de Wikimedia Common: https://commons.wikimedia.org/wiki/File:John_Cena_July_2018.jpg

www.ingramcontent.com/pod-product-compliance
Lightning Source LLC
Chambersburg PA
CBHW051849160426
43209CB00006B/1231